现代高校管理与辅导员工作理论研究

张安然 ◎ 著

中国书籍出版社
China Book Press

图书在版编目（CIP）数据

现代高校管理与辅导员工作理论研究/张安然著. -- 北京：中国书籍出版社，2022.11

ISBN 978-7-5068-9267-4

Ⅰ.①现… Ⅱ.①张… Ⅲ.①高校管理—研究②高等学校—辅导员—工作—研究 Ⅳ.① G647 ② G645.1

中国版本图书馆 CIP 数据核字（2022）第 209551 号

现代高校管理与辅导员工作理论研究

张安然　著

图书策划	成晓春
责任编辑	毕　磊
封面设计	博健文化
责任印制	孙马飞　马　芝
出版发行	中国书籍出版社
地　　址	北京市丰台区三路居路 97 号（邮编：100073）
电　　话	（010）52257143（总编室）（010）52257140（发行部）
电子邮箱	eo@chinabp.com.cn
经　　销	全国新华书店
印　　刷	天津和萱印刷有限公司
开　　本	710 毫米 ×1000 毫米　1/16
字　　数	210 千字
印　　张	12.25
版　　次	2024 年 1 月第 1 版
印　　次	2024 年 1 月第 2 次印刷
书　　号	ISBN 978-7-5068-9267-4
定　　价	72.00 元

版权所有　翻印必究

前　言

随着经济的发展，信息技术的进步，高等教育发展也不可避免地受到影响，以高校校园为载体的内部空间呈现出一系列新问题、新变化和新现象，这给高校管理工作带来了全新的机遇。同时，高校教育管理也呈现出一定的复杂性。21世纪知识经济时代需要大批优秀的创新人才，而培养创新人才的关键是教育管理。高校作为培养创新人才的前沿阵地，只有大力推进教育管理的创新，才能适应新时期社会发展的需要。高校辅导员在促进大学生全面成才、培养社会主义事业合格建设者和接班人、维护高校稳定方面肩负着重要职责。作为高校一线工作者，高校辅导员在面对事无巨细的复杂工作时也会遇到瓶颈，要想做好学生管理工作，还需要在日常工作中不断总结、反思，最终形成一套系统的工作方式，使得高校管理工作更得当。

本书共七章内容。第一章对现代高校管理简要分析，主要从四方面进行了详细论述，分别是高校教育组织与管理概述、现代高校管理的地位、现代高校管理的思想和现代高校管理的理论透视；第二章分析现代高校管理机制的结构，论述了高校管理的决策结构、高校管理的信息结构、高校管理的激励结构和高校管理的资源配置结构；第三章进行现代高校管理育人深层研究，内容包括高校管理育人的功能、高校管理育人的原则、高校管理育人的主客体分析；第四章论述高校辅导员工作基础理论，详细阐释了高校辅导员的角色功能、高校辅导员的素质要求、高校辅导员的核心职业能力；第五章探讨高校学生生活与心理健康管理，主要内容为高校学生管理的理论依据、现代高校学生日常生活管理和现代高校学生心理健康管理；第六章分析高校辅导员工作之班级管理，分别介绍了班级管理的定义、班级管理的作用以及班级管理的内容；第七章探讨高校辅导员工作之大学生日常事务管理，主要概述大学生日常事务管理和大学生日常事务管理的主要内容。

在撰写本书的过程中,作者得到了许多专家学者的帮助和指导,参考了大量的学术文献,在此表示真诚的感谢。本书内容系统全面,论述条理清晰、深入浅出,但由于作者水平有限,书中难免会有疏漏之处,希望广大同行及时指正。

作者

2022 年 9 月

目录

第一章 现代高校管理简要分析 1
    第一节 高校教育组织与管理概述 1
    第二节 现代高校管理的地位 5
    第三节 现代高校管理的思想 8
    第四节 现代高校管理的理论透视 13

第二章 现代高校管理机制的结构 26
    第一节 高校管理的决策结构 26
    第二节 高校管理的信息结构 38
    第三节 高校管理的激励结构 44
    第四节 高校管理的资源配置结构 55

第三章 现代高校管理育人深层研究 66
    第一节 高校管理育人的功能 66
    第二节 高校管理育人的原则 69
    第三节 高校管理育人的主客体分析 79

第四章 高校辅导员工作基础理论 98
    第一节 高校辅导员的角色功能 98
    第二节 高校辅导员的素质要求 112
    第三节 高校辅导员的核心职业能力 121

第五章 高校学生生活与心理健康管理························132
- 第一节 高校学生管理的理论依据·····························132
- 第二节 现代高校学生日常生活管理·························139
- 第三节 现代高校学生心理健康管理·························150

第六章 高校辅导员工作之班级管理····························160
- 第一节 班级管理的定义···160
- 第二节 班级管理的作用···162
- 第三节 班级管理的内容···167

第七章 高校辅导员工作之大学生日常事务管理·······174
- 第一节 大学生日常事务管理概述·····························174
- 第二节 大学生日常事务管理的主要内容·················177

参考文献···188

第一章 现代高校管理简要分析

本章主要内容为现代高校管理简要分析,主要论述了高校教育组织与管理、现代高校管理的地位、现代高校管理的思想以及现代高校管理的理论透视。

第一节 高校教育组织与管理概述

一、高校教育组织与管理的认知

(一)教育组织与学校组织

1. 教育组织

所谓教育组织,是指国家为实现教育目标、完成教育任务而对教育事业及教育的内外部活动和关系进行计划、指挥、协调、监督和控制的组织机构。教育组织的工作范围包括教育所要处理的内部和外部关系,对参与教育活动全过程的人、财、物、时间、信息等进行合理的安排和利用,还包括社会教育活动。

2. 学校组织

学校自诞生起,即是一种组织化了的社会单位。组织包括三种类型:规范性组织、功利性组织和强制性组织。学校从事有计划、有组织的教育教学活动,并且主要是通过态度、价值、理想等各种教育评价来完成其教育教学目标,教师行为需要符合教师的职业道德规范、教育规范,学生行为需要符合学生日常行为规范。因此,学校组织是一种有目的、有计划地进行教育教学活动的规范性社会组织。

3. 教育组织与学校组织概念辨析

从范围和规模的角度,教育组织可以分为宏观教育组织和微观教育组织。宏观教育组织是指一个国家或地区内根据一定的目的、任务和形式，从总体上对教育事业的发展进行计划、指挥、协调、监督和控制的组织机构，具有制订教育发展规划、制定教育政策、分配教育经费、控制教育发展速度和规模、监督教育实践等职能。微观教育组织主要是指学校教育组织，其作用在于制订学校发展规划并使学校工作计划转化为行动，将教育的各类活动付诸实践，使学校的人、财、物处于一个有效的、不断运转的动态系统中，最大限度地发挥其使用价值，实现学校效能的提升，最终完成教育任务。由此，从外延来看，教育组织的外延要比学校组织的外延更为宽广，教育组织包含了学校组织，学校组织是教育组织的一种形式，可视为教育组织的一个子系统。

（二）教育管理与学校管理

1. 教育管理

所谓教育管理，是指国家为贯彻教育方针，实现培养目标，对教育系统所进行的计划、组织、控制等一系列有目的的连续性活动。那么什么是教育管理行为？在一个国家和地区，教育管理部门在政治、经济和文化环境的制约下，其教育价值观可以支配学校的教育行政部门进行各种教育有关的行为，包括组织与指导、预测与规划、激励与控制以及监督与协调等等，其目的是为了让有限的教育资源在这些措施和管理下能够得到开发和合理的配置，将教育的质量提高，改善办学的条件，提高办学的效益等等。

2. 学校管理

学校管理是学校为了有效地达到教育、教学目标，其管理人员通过协调学校内部各种资源及其与外部环境的关系，以确保学校按教育规律进行正常运转的活动。

3. 教育管理与学校管理概念辨析

教育管理的内容较为复杂，可以分成三个层面：第一个层面是班级管理，即班级组织层面上的教育管理；第二个层面是学校管理，即学校组织层面上的教育管理；第三个层面是教育行政，即教育制度（系统）层面上的教育管理。教育管理是对上述三个不同层面的教育管理活动的概括和统称。教育管理外延要比学校管理外延大，学校管理只是教育管理中一个层面的管理活动。

二、高校教育组织体系的管理与理论演变

（一）高校组织体系及其管理

1. 高校组织体系

近年来，我国从社会主义初级阶段的国情出发，不断完善学校系统。按照我国当前的教育管理体制和工作范围来划分，整个学校体系主要包括职业技术学校、普通高等学校和成人教育学校等类型。

职业技术学校包括中等专业学校、技工学校、职业中学以及初等职业技术学校、高级职业学校、专业技术学院等。普通高等学校包括普通高等高校专科、本科和研究生院等。成人教育学校包括广播电视高校、职工高等学校、管理干部学院、教育学院、独立设置的函授学院、网络教育学院、普通高等学校举办的成人教育（函授部、教师进修班），以及成人中专学校、成人中学、成人技术培训学校、农民文化技术学校、农业广播电视学校等。此外，还有各种进修、培训、辅导性质的函授、面授学校。

2. 高校组织的管理

在我国教育管理发展史上，大多数学者都把对学校组织体系外部的管理称为教育行政，对学校组织内部的管理称为学校管理。学校作为一个社会组织，其内部组织结构较为复杂。在我国，不同学校组织结构类型不同，如直线型组织、职能型组织、直线—职能型组织、委员会型组织、事业部门组织以及矩阵型组织。规模较小的学校以直线型组织为主，不设置独立的职能部门，由校长直接领导全体教师；规模稍大些的学校则以职能型组织或直线—职能型组织为主，校长一方面领导各职能部门，另一方面直接领导各年级、各学科教师及其组织；规模较大的学校在组织机构的纵向和横向分化方面更为明显和复杂。

目前，我国大多数高校实行校长负责制，并建立教职工代表大会制度，畅通教职工参与学校管理的渠道；定期召开校务委员会会议，研究学校发展过程中的重大问题；建立以校长为领导核心的职能管理部门，如政教处、教务处、科研室、总务处和校长办公室，执行校长的决策。各层各级部门相互协作，共同管理学校日常工作。

(二)高校组织理论的演变

1. 古典组织理论的演变

古典组织理论最基本的哲学观是"经济人"假设。"经济人"假设把人看作经济动物,认为人的行为动机以获得经济利益为取向。对学校组织影响较大的古典组织理论即科层制理论。

第一,科层制理论及演变。科层制模式,主要包括明确的职责分工、自上而下的等级系统、奉行理性原则、遵守规则和纪律等。

一是劳动分工。在科层制模式中,工作任务根据组织目的和工作类型进行划分,职责范围十分明确。劳动分工导致专业化的产生,使员工成为每一个特定岗位上的专家。二是等级权威。在科层制组织中,组织遵循等级制度原则,职权关系垂直分布,形成严密的上下级关系,每个员工都受到高一级员工的控制和监督,每个员工都拥有明确的权威与责任。三是规章制度。规章制度规定了每个职位的权利与义务,组织成员需严格遵循规章制度对待工作,从而促进组织非人格化取向的产生。这种非人格化取向旨在避免组织成员的个人观念和倾向影响组织的理性决策,以确保组织目标的实现。四是效率。劳动分工和专业化造就了专家,而非人格化取向的专家会依据事实在技术上做出正确、合理的决策。一旦做出合理的决策,权威等级体系就会保证对指令的服从,并遵从规章制度,形成一个协调优良的执行系统,进而保证组织运行的统一性和稳定性。

第二,学校中的科层制理论及演变。学校中至少存在以下两类基本组织:一是负有责任制度与管理职能的科层组织,其职责包括协调与社区的关系、依法办事、管理内部事务、获得和分配必需资源及协调师生关系;二是专业组织,负责实际的教与学的技术过程。在学校这样的服务型组织中,专业科层冲突的最重要来源是应用科层制与专业化的社会控制系统。

2. 新古典组织理论的演变

新古典组织理论是在对早期组织理论进行分析比较的基础上提出来的,新古典组织理论发展后期的系统理论及其在学校中的影响如下。

第一,协作系统理论及演变。同古典组织理论只重视正式组织、人际关系理论只重视非正式组织不同,在新古典组织理论中正式组织和非正式组织普遍存在,二者统一。组织是一种协作系统,权限是正式组织中信息沟通(命令)的一种性质，是组织的贡献者或成员支配自己所贡献的行为。

第二，非正式组织理论及演变。把组织看作正式组织和非正式组织的统一体，凸显了组织中非正式组织的地位。非正式组织是一种人际关系系统，其按照感情的逻辑关系建立的团体关系，在所有的正式组织中自发形成，并对正式组织做出反应。非正式组织对正式组织的影响可能是建设性的，也可能是破坏性的。非正式组织至少有三个关键作用：一种有效的沟通工具；一种形成凝聚力的手段；一种维护个体诚实的工具。

第三，学校中的教师团队。在学校管理上，注重教师参与学校决策，以防产生校长主观武断的作风；要重新定义教师的角色以建立专业控制的网络结构；学校应该以决策的网络化结构代替层级结构，从而扩大教师在学校中的权威；要充分发挥学校教职工代表大会的作用，促进学校的民主化管理。在教师发展上，建立非行政专业组织，为教师相互交流学习创造机会；倡导教师专业自治，促进教研科研团队合作。在生活需求上，正确处理物质需要和精神需要的关系，建立合理有效的激励机制；关注教师的自尊和价值需要，丰富教师集体的文化生活。

第二节 现代高校管理的地位

一、高校管理面临的形势

高等教育是社会中发展最快、也是最为复杂的社会事业之一。在社会经济、政治、文化、科技等各种因素的作用下，高校管理面临着新的形势。

（一）人本管理思潮要求

高校管理说到底是对组织中的人、财、物等的管理，而其核心是对人的管理。毫无疑问，在管理活动中人是管理的主体。管理理论经历了一个从尊重人到侧重物又回到以人为本的过程。西方的管理理论起源于对"物"的管理，以孔茨等为代表的一批管理学家对人力资源管理进行了深刻的理论研究后，对人的重视才凸显出来。接着出现了人本管理思潮。人本管理是建立在美国心理学家马斯洛的"自我实现"的人性假说基础之上的。人本管理就是"以人为本"的管理思想，是指在管理活动中把人作为管理的核心，通过非经济因素来调动人的积极性。强调"以人为本"，就是要求尊重人、关心人和培养人，使人得到鼓励、受到爱护，满足人的成就感，从而使人的价值得到充分的尊重和体现，这样可以极大地激发人的积极性和创造性，为提高组织的效益提供源源不断的动力。

高校管理的管理者是人、管理对象主要是人、其"产品"也主要是人，"人"的因素尤为突出。因此，高校管理归根到底是对人的管理，这就要求高校管理必然也要"以人为本"。现代管理理论认为，人们应当在一种有助于自我激励、自我评价、自我信任的气氛中工作。高校管理也一样，学校的一切发展都离不开人，学校的发展需要全体师生员工的共同努力，教学、科研的发展需要全体师生员工的共同努力，办学水平、办学质量的提高也需要全体师生员工的共同努力。高校的成员既是管理的主体，又是管理的客体，因此高校管理应坚持以人为中心，一切管理工作都应围绕人来开展，高校管理的关键环节在于创造良好的氛围，让全体师生在快乐中学习、工作，只有这样才能充分调动教职员工和学生的主动性、积极性和创造性，充分发掘其潜能。

因此，人本管理思潮和高校管理的特殊性使得高校管理理念面临新的形势，迫切要求高校管理工作者创新工作思路，一切以人为本。

（二）科学技术的日新月异要求

从世界形势来看，以信息科学为先导的新一轮科学技术革命突飞猛进。现代科学技术，特别是信息技术的飞速发展和广泛应用，正极大地改变着高等教育，主要表现在以下两个方面：一是信息化技术的应用为高校管理效率的提高提供了契机；二是互联网提供了空前丰富的教育资源，学校教育的模式正在向开放化、网络化趋势发展，网络将成为知识的重要来源。单一的课堂—书本时代一去不复返，多元化接受知识的渠道使得学生对教师的依赖性大大降低，学生学习的自主意识大大增强。这对教学和学生管理工作提出了更高的要求。网络化、信息化使得高校管理效率大大提高，促进了高校办学质量和效益的提高。

这些革命性的变化，必然要求高校加速教学管理、人事管理、学生管理、档案管理等的创新，要高效利用计算机和网络等手段，为学校的管理工作提供强有力的助手，开阔高校管理工作者的视野，与社会取得紧密联系。让信息化为高校管理体制的改革提供崭新的技术手段,并且通过信息化建设,把信息化和高校管理体制改革相结合,促进高校管理理念、管理队伍素质和管理机构的转变,使各项管理活动更加规范、协调。

(三)师生多元化意识形态要求

高校始终站在时代的前沿,是各种意识形态聚集的地方,是对外开放的窗口和文化思潮相互激荡的阵地。高校有着民主、自由、开放的氛围,百花齐放,推陈出新。随着全球化浪潮和知识经济的到来,师生的意识形态日益多元化,这给高校管理带来了许多新的冲击和新的挑战。

一所大学的管理理念,通常通过其校训、规章、管理体制、办事程序等具体形式表现出来,它渗透于大学管理的方方面面,对整个大学的运行有着全面而深刻的影响。在这样的形势下,我们必须确立制度第一的管理思想,重视制度安排和政策设计。要用制度来管人和管事,而不是靠人来管人与管事。制度决定了人们的行为选择,在既定的制度下,人们的行为选择一般总会在制度所允许的范围内,使自己的效用最大化。制度告诉并强制人们可以做什么,不可以做什么,在制度的范围内,人们的活动具有选择自由,超出这一范围就要受到惩罚。制度是为实现设定的目标而制定的,任何一个制度和政策设计的终极目标都是要最大限度地激发人的积极性,激活各种要素。只有好的制度和政策,才能规范人们的行为,激发人们的积极性和创造性。"最好的管理是感觉不到的管理",要规范管理,让一切管理制度化,让管理无处不在,无时不有,但要让所有的人感觉不到它的存在。因此,必须树立制度第一的管理思想,必须在管理制度和政策设计上创新,只有这样才能实现管理创新的目标,才能不断提高管理水平和管理效益。

二、管理在高校中的地位和作用

建立一流的高校,离不开先进的管理理念。管理就是根据社会的需要,通过计划、组织、决策、控制等合乎逻辑的程序,最合理地分配该组织的人力、财力、物力和信息资源,使之发挥最大的效益,以达到该组织的预期目标。管理不仅仅是经验、方法,更是从实践中提升的理性认识,是具有完整理论体系和丰富内容的科学。

高校的任何一项工作，都是通过有效的管理来完成的，工作的过程就是管理的过程。管理水平的高低，管理效益的好坏，直接决定着高校的生存和发展。管理不仅是生产要素，更是生产力。当今"全球化"浪潮加剧了国与国之间的教育竞争，知识经济的崛起将大学从社会的边缘推到了中心，高等教育的大众化趋势不可阻挡，高等学校之间对于资源的竞争日趋白热化，政府和社会对高校有了更多、更高的要求。目前我国高校正处在发展的关键时期，既要保证大众高等教育的发展，满足广大人民群众持续增长的高等教育需求，又要确保人才培养质量；既要培养现代化建设所需的高级专门人才，又要积极发展高新技术产业，促进科技成果的产业化；既要积极创新、发展知识，又要满足社会服务的需要。要发挥好高校的职能和作用，高校的管理就不能停留在经验管理的水平上，要从只靠增加数量规模、不求提高效益的发展模式，转向从内涵上挖掘潜力，提高效益。因此，就必须加强高校的管理能力，提高管理水平，完善内部层级结构和明晰职责，合理配置管理资源，重视管理制度安排和政策设计。有效地管理对激活各种办学要素、调动各方面积极性、提高办学水平和效益有重要的作用。

第三节　现代高校管理的思想

一、现代教育思想的主要表现

要把握现代教育思想首先须明确两个基本概念，即现代教育和教育思想。现代教育是以现代生产和现代生活方式为基础，以现代科学技术和现代文化为内容，以人的现代化为目的的教育。它根植于现代社会，指向于未来的发展。教育思想是人们对教育的认识和看法，以及由此形成的观念和主张，是处于人们意识深层的心理结构。由此推出，现代教育思想就是处于现代社会中的人们对现代教育的认识、看法及由此形成的教育观念和教育主张。

具体地说，现代教育思想主要表现在如下一些方面。

（一）终身教育思想

终身教育思想是20世纪60年代以后提出的"教育贯穿人的一生"的思想，

是对传统教育思想和教育体系的重要发展。随着社会的加速发展，新的知识和信息急剧增长，人们需要不断学习来增加自己的知识含量，以适应不断变化的社会。

（二）全民教育思想

全民教育这一概念是针对教育对象提出来的，即教育对象的全民化。它包含两层意思：一是教育必须向所有公民开放；二是所有公民都有接受教育的权利且有义务接受一定程度的教育。全民教育思想强调教育权的公平和公正，是对普及教育和义务教育思想的进一步发展。

（三）民主教育思想

教育思想包括教育机会均等；师生关系的民主化；教育活动、教育方式、教育内容等的民主化。民主教育既重知识的传授又重能力的培养，注重激发受教育者的主动参与意识，从而开发受教育者主动学习的潜能，开启受教育者的多向思维。

（四）个性教育思想

个性教育思想主张受教育者在全面发展的基础上，能够充分展示自己的天赋和才能。它强调的是共性基础上个体的个性内容和个性价值，是社会生活多元化和人的生存价值多元化的要求在教育上的反映。个性教育思想要求教育思想、教育目标、办学模式、教学形式、评价标准等朝多元化方向发展。

（五）素质教育思想

素质教育思想是一个全面的、系统的现代教育思想体系。它着眼于受教育者及社会长远发展的要求，以全面提升受教育者的各种素质为根本宗旨，强调培养受教育者的创新精神和实践能力，借以推动全民族素质的提高，实现中华民族的伟大复兴。

二、正确高校现代化管理观的确立

（一）重视人文关怀

在现代的高校管理中，由于发现管理中人具有主体性和主导作用，因此现代高校管理思想坚持以人为本的价值取向，在学校的管理中，任何事情、任何人都是由人去管理的，同时，管理的最终目的也是为了人，人就是管理的起点和终点。在现代社会，生产的发展越来越依靠知识的推动，我们已经进入了知识经济的时代，竞争也愈发激烈，因此坚持以人为本的价值取向就更加紧迫了。在学校的管理中，要始终坚持以"教师为本"和以"学生为本"的价值取向。

1. 以教师为本

要树立以教师为本的价值取向，就要对教师加以信任，并且尊重教师、关心教师。在传统的高校管理中，教师一直都是处于一种从属地位，这种关系放在现代社会是不适用的。高校教育管理并不是一种活动的结果，更加强调活动的过程，是一种管理者和被管理者在一定的时空和资源的背景下双边互动的过程，管理者和被管理者之间是相互依赖的关系，两者缺一不可，都属于管理的主体要素。教师在学校中虽然也被管理，但是也参与管理工作，有责任和义务将学校的教育工作去实施好、完成好，保证学校的教学质量。要以教师为本，就要根据教师的业务水平、兴趣爱好、思想意识以及能力结构等各种特点，尊重他们的工作和需要，将教师的参与意识调动起来，鼓励他们创新，使得教师能够人尽其才。

2. 以学生为本

以学生为本，就要将学生放在中心位置，尊重学生并关爱学生。在传统的高校管理中，学生是被放在被动的边缘地位上的，传统的管理理念认为，高校的学生已经是成年人了，就要用成人的眼光来对待高校的学生。但是卢梭认为，人们对童年并不理解。人们常常习惯于去研究成年人需要并且应该知道什么，但是针对于孩子，人们却很少考虑他们的年龄段可以学到什么。人们总是以成人的眼光看待小孩，却没有考虑到小孩和成人是不同的。

现代的高校管理的理念认为，学生和成人的发展规律是不同的。高校肩负着管理学生的任务，管理不是最终目的，高校的管理是为了将每个学生的潜能和个性充分发挥出来。学生已经不是传统观念认为的只居于被管理者的地位，他们还是自我管理的主体，也要参与到学校的管理中去。还有一种现实的原因是，现代社会，信息网络高度发达，人们已经不从原本单一的渠道接受信息了，学生更是如此，可以从多元媒体上接受各种信息，可能信息来源要比教师和父母都要广泛，同时大学生阶段本身具有敏感性，有很强的好奇心，不会受到传统观念的束缚，这使得他们可以做到对成年人进行"文化反哺"。在以学生为本的教育管理理念下，学校管理要做到尊重学生的权利和人格，并且维护他们的合法权益，认识到学生的身上蕴藏着巨大的发展潜能，并善于挖掘出来，根据学生的身心发展规律，了解学生的真实需求，让学生参与到学校的管理中去，摒弃原来传统的认为学生是没有权利、无知、只能受人摆布的被动的个体的观念，要将他们培养成全面发展、生动活泼和自主管理的学习主体。如果还是转变不过来观念，就会造成管理和教育上的失败，我们可以看到当前发生了很多校园暴力的事件，这就是由于学校专制、肤浅的管理造成的，一定要将学生作为独立的主体，才能共同发展。

高校的管理工作中虽然是以教育教学工作为中心，但是还有很多其他方面的工作需要完成，这些完成的主体就是学校的职工，在这方面要树立以职工为本的价值观念，将行政和后勤的工作保障到位，有利于促进教学和科研的顺利进行。

（二）确立校本管理观

高校的管理活动包括多方面内容，但是这些管理活动都是具有共性的，这也反映了时代的要求和一般的管理规律。对一所高校的管理，按照管理的一般规律是基础，需要将学校的发展的共性问题解决掉。我国的高效管理经过了长期的集中控制方式，一切都是高度集权的，其实学校本身的自主权无论是办学还是管理都是比较小的，管理者在高校中没有发挥创造性的地方，只需要听从上级的管理安排，因此很容易出现"千校一面"的现象，被很多的共性所约束着。但是近几年，高校全面开展了教育的改革，正在形成面向社会依法自主办学的机制，在这个过程中，学校本身的自主权慢慢扩大了。

在高校的管理观念方面，应该向着校本管理的方向发展。依照一般管理的规律推进，根据学校的实际发展情况，不断将学校的各种资源开发出来，解决学校各种问题，建立起学校的特色，这就是校本管理的理念。不管是什么样的学校，都有自己的发展空间，兼具个性和特色，有着自己的适应面。高校要牢牢把握特色立校的理念，争取特色为自己的办学法宝。这种情况下，学校之间的竞争就不是单纯的成绩和就业方面的竞争了，其实是学校的特色竞争，学校要想在竞争中占据优势位置，就一定要找准自己的定位，发展自己的特色。但是，如何让学校找准自己的特色呢？从学校管理的角度看，需要学校始终坚持校本管理的理念，依照一般规律管理的同时，还要融合学校的特色与传统，学校的管理思想要有自己的个性，能够解决自己的各种问题。

从根本上说，高校的管理要从学校的实际出发，将校本的管理资源挖掘出来，始终向着特色管理的方向发展。作为高校的管理群体代表，校长更要转变管理的思想，因为校长的管理思想反映了学校的管理思想和风格。人们也会经常通过对校长的认识去了解学校的情况，因此，也体现出了校长的管理思想和校本的管理有很大的联系。

（三）确立发展性管理观

个人的单独活动对一些群体的目标达不到效果，因此需要将人们协调起来，共同组织活动才能达到群体的效果，并且将有限的资源合理配置，达到一定的预定目标，这就是管理的效用，体现了常规的管理思想。常规的管理思想具有的特征包括：在事先划定的管理范围内，依照一般的管理程序组织实施管理活动，但是不能将管理的空间突破，其原则是维持管理系统的稳定。教育的管理活动在内的现代的管理都是属于常规管理。

今天我国高等教育的主题核心放在了改革与发展上，现代高校最主要的问题也是发展，所有的高校为了自己的发展都在不断地谋求生存和发展的空间。为了高校的良性发展，必须树立起发展性管理观念。这种观念的主要内涵有两方面表现：第一，以发展的眼光为基础，将管理的空间拓宽，还要扩展管理的思路，原本的高校管理范围已经不适用于现代高校的发展了，要拓宽管理的范围和内涵，从发展的眼光来解决学校管理的矛盾，缓和各种关系。第二，高校管理的目的要放在发展上，所有的管理活动的核心就是学校的发展，无论学校做出什么样的管理活动其出发点都要利于学校的发展。作为发展性管理的观念，其目标始终要放在实现管理系统和外部系统的动态平衡，这也是管理的原则，管理的思路要有开放性，并且可以是变化的。我国高校的管理在目前已经开始体现了这种发展管理的理念。在传统的高校管理中，后勤保障工作的管理思路一直都是"分馅饼"的模式，就是在一定的资源条件下，将人力、财力和物力等各方面的关系协调好，服务于教学和科研工作。而随着大众化高等教育的发展，高校大面积扩招，发展作为高校管理的主题，后勤保障工作作为高校教育科研的大后方也面临着不小的压力，由原本的"分馅饼"转变为现在的"找馅饼"和"做大馅饼"的思路，逐渐向着后勤社会化的方向发展。

（四）确立战略规划与战略管理观

战略规划是一种重大的带全局性的总体发展计划，其目的是"探索明天新的各种机会"。在高校办学自主权逐步扩大和竞争日益加剧的情况下，能否在准确把握高等教育发展趋势，把握学校生存和发展背景的基础上，在学校发展的关键时期，抓住历史性机遇，确定相应的战略重点，确立前瞻性的办学理念和发展思路，对于学校发展具有重要意义。进入21世纪，许多高校都把制订发展战略作为促进学校跨越式发展的大事来抓，这是我国高校的主体意识、发展意识、竞争意识强化的重要表现，也是高校管理思想向战略规划和战略管理方向转变的重要表现。

过去，人们认为管理就是控制，管理就是协调，管理就是决策，管理就是服务，这些管理观在高校管理活动中虽然仍有意义，但当前高校管理的重点应以学校长远发展为核心，拓宽发展思路，围绕学校发展进行管理。战略规划在学校管理中的作用日益突出，是学校适应不断变化的外部环境，获得持续健康发展的要求。在这种情况下，可以说管理就是实施战略规划。如有的高校提出了"建设世界一流高校战略"，有的提出了"国际化战略"，有的提出了"科技成果产业化战略"等，这些都是立足学校长远发展所进行的战略谋划。当然，高校战略规划要与高校战略管理有机地结合起来。战略规划不只是制订规划，还包括战略管理，如战略实施、战略实施控制、战略实施评价等。一个完整的发展战略规划应该把战略制订、战略实施、战略管理等有机结合起来，使战略规划真正具有实践特色，具有可操作性，对高校发展具有具体而长远的指导作用。

第四节 现代高校管理的理论透视

一、高校管理的认知

高校管理活动是提高学校教育活动有效性的重要途径，科学的学校管理将为师生提供愉快的学习与工作环境。管理是一种古老的活动，是人类社会的基本活动方式之一，它存在于现实生活之中，也存在于学校活动之中。在学校中，不仅有人们熟悉的教育活动，也有对教育活动起着重要影响作用的管理活动。因此，对高校的教育活动研究越来越深入，这也正在吸引着越来越多的有志者参与其中。

（一）高校管理的主体与内容

1. 高校管理的主体

高校的管理主体是有权力对学校事务进行管理的人员，也称为学校管理者。大部分人将学校的领导当成学校的管理者，认为只有校领导才有权力对学校的相关事务进行管理。但现代学校管理概念认为有权对学校进行管理的人员不仅有学校领导，还有学生、教师和家长，这些人共同组成了完整的学校管理主体。

（1）学校领导是学校的管理者

对于学校各项日常事务的管理、学校的环境建设、学校章程与制度的制定、学校教育教学的运行等，学校领导者都要做出相应的决策。学校领导有不同的层次，有高层的校级领导，也有中层的处室领导。另外，各个部门的职能人员也是学校的管理者。为了区分领导者与职能人员工作职责与分工的不同，通常认为，领导者是做决策的，职能人员是执行决策的。因此，在管理上通常有领导与管理的区别，也有领导者要做正确的事，管理者要正确地做事的观点。

（2）教师是学校的管理者

由教职工代表组成的教职工代表大会是监督校长行使权力的民主机构，教职工有参与管理学校的权利。教师对于学校的办学方向、教育改革及教学管理中的重大问题，对学校各级领导干部的奖惩、晋升、处分、免职等都有建议权，对学校领导干部的工作有监督评议权，这些都充分说明教师也是学校的管理者。

（3）学生是学校的管理者

学校的社团组织、学生会等都是学生的自治组织，是学生自我管理的机构。他们不仅要参与组织各项活动，促进学生的身心发展，也要维护学生的权益。对于关系学生切身利益的学校事务，学生自治组织有权代表学生参与相关的管理，如学校食堂的改进、学校图书馆的图书引进等，通过书面申请、参与讨论等方式，学生也可以成为学校的管理者。

（4）家长是学校的管理者

家长参与学校管理是学校实施民主管理的具体体现。家长作为学生的监护人有权了解学生在学校的各项表现及学校为学生创设的学习环境。同时，家长参与学校管理能够改变学校管理的封闭状态，使学校了解更多的外部信息，对提高学校的管理效率及提升学校的管理质量大有裨益。家长参与学校管理有多种渠道，如成立家长委员会、召开家长会等，都是学校积极鼓励家长参与学校管理普遍采用的形式。家长委员会参与学校管理，不仅拉近了家长和学校的关系，而且也给校园管理增加了透明度，给校园带来了活力。

2. 高校管理的基本内容

依靠团队人员的共同努力来帮助团队更科学、更合理、更有效地完成任务，这一过程就叫做管理。那么，高校管理则是学校的管理人员对学校的所有资源进行有计划、有条理的科学管理的过程，目的是贯彻教育方针、实现培养目标和提升教学质量。

学校工作始终伴随着两条线索来展开：第一是学校的教育活动，主要发生在教师和学生两者之间。教育活动是教育者依靠某种社会所需或者受教育者的发展情况而进行的一种教育实践活动，它的特点就是受教育者会受到直接的影响。第二就是学校的管理活动，其特点是受教育者会受到这一活动直接或者间接的影响。这种活动是依靠学校的管理人员对学校教育活动进行有计划、有组织的科学指导和管理来开展的。因此，对于学校而言，教育活动和管理活动显然不一样，它们都有着各自的作用。教育活动是学校实现培养目标的关键性实践活动，而管理活动在教育活动开展过程中能够起到辅助和补充作用。由此可见，学校教育活动和管理活动二者同等重要，缺一不可。

学校管理活动在施行过程中会出现诸多问题，因为会运用多种方式和手段来应对不同的学生和教师个体，出现问题在所难免。这些现象会引发人们对学校管理的思考，启发人们寻找更全面的方法、采取更有效的措施去指引学校管理活动走向更科学、更合理的方向。

（二）研究高校管理的主要原因

1. 发现和认识学校管理规律

研究学校管理离不开对学校管理现象的认识，而对学校管理现象的认识则有助于发现和认识学校管理的客观规律。学校管理过程中出现的诸多学校管理现象,能够体现出其自身发展的内在逻辑,同时还能够反映出它的变化趋势。学校管理现象不受学校管理人员的态度和思想的控制,它具有稳定性和规律性。因此,学校管理人员可以深入分析学校管理的现象及其发展趋势和变化原因,以便对之有一个科学准确的认识。当学校管理人员对学校管理现象发生原因的剖析越发深入、细致,就越能够挖掘影响学校管理现象变化趋势的内在逻辑,也就能够依照学校管理的本质和规律进行管理活动。

2. 科学规范学校管理行为

学校管理行为主要表现为三种类型:其一,学校管理人员无视学校管理规律,将自己的思想凌驾于规律之上,这种管理方式是荒谬的,必须加以修正;其二,学校管理人员将经验放在首位,认不清客观规律的重要性;其三,学校管理人员积极正确地认识学校管理的客观规律,根据客观规律进行管理活动,这是值得肯定和推崇的管理行为。

3. 发现并探索出学校管理的延伸点

人们对学校管理的客观规律的掌握并不是简单的事情,尽管许多人对学校管理现象的规律有一定认识,但是却无法保证他们会自主遵循客观规律来进行学校管理活动。因此,必须采取全面科学的方法和举措对学校管理现象及客观规律进行深入分析和探究,比如对显性学校管理规律和隐性学校管理规律的探究,对动态学校管理规律和静态学校管理规律的探究,对普通学校管理规律和特殊学校管理规律的探究等。经过对学校管理规律的不断分析研究,找到其延伸点,有助于学校管理朝着更加准确合理的趋势发展。

(三)教育管理与学校管理的关系

教育管理是有权管理教育的部门为实现教育目的、执行党和国家的政策和法律,采取有效的手段和措施、提高教育质量与效益的活动过程。教育管理是一个范围十分广泛的社会实践活动领域,它不仅包括教育部门在其职责范围内对各级各类教育的管理,也包括非教育部门在其职责范围内对教育事业的管理。这种管理的主体是多重的,范围是广泛的,内容是丰富的,手段是多样的。对于教育管理活动,如果以其管理主体的层次不同作为管理范围的划分标准,那么可以将其划分为以国家行政部门为管理主体的、宏观上的教育管理与以学校为管理主体的、微观上的教育管理。这两个层次的管理构成了教育管理的总体范畴，宏观上的教育管理又称为教育行政，微观上的教育管理又称为学校管理。

在我国教育制度中，学校可因其施教对象的不同而划分为实施学前教育的学校、实施初等教育的学校、实施中等教育的学校以及实施高等教育的学校；又可因其施教内容的不同而划分为实施普通教育的学校、实施职业教育的学校以及对已经走上各种生产或工作岗位的从业人员实施教育的成人学校。学校管理与教育管理是从属关系，二者既有不同点，又有相同点。不同点在于：学校管理与教育管理的范围是不同的，学校管理是教育管理的一部分，其管理范围小于教育管理；相同点在于：学校管理与教育管理的目的都是要通过有效的管理活动促进人的发展，管理的要素都是人、财、物、时间、空间和信息。

（四）高校管理与行政管理

1. 高校管理体现的教育意义

从教育学视角上定义学校管理，要从源头开始梳理。中华人民共和国成立前最早的学校管理名为学校行政，这个时期的学校管理大部分是根据以往经验沿袭下来的管理方式。我国的教育管理研究已经进入同期教育研究的领先水平，特别是"教育行政"已初步形成"学科体系"，有了自己的研究对象、研究方法和概念系统。

教育学意义上的学校管理在很大程度上，是以教育对象为自己的研究对象，进而对其进行相应的安排与调节。教育性是学校管理的始点与旨归。既然学校组织的本质是教育组织，那么它对管理的要求也必然是最大可能地体现其教育性，发挥其教育影响力。换言之，学校管理的出发点，即其所要解决的根本问题，就是要保证学校作为教育组织的功能得到充分展现，也就是保证教育活动的顺利进行。从这一点出发，学校管理活动的归宿即其所要达到的目标就是学校要最大可能地发挥教育力量，促进学生全面发展。因此，学校管理的价值追求体现在教育性。没有教育性的组织不是学校组织，不为教育的管理也不是学校管理；失去了教育性，学校及其管理也就失去了其本身存在的意义。由此可见，教育学意义上的学校管理更加注重学校教育实体属性，同时将教育的目的作为学校管理的出发点与立足点。

2. 高校管理体现的管理学意义

管理学上对管理这一概念还没有一个清晰的界定。由于不同的学者抑或是管理学家研究的侧重点不同，所以对管理的内涵认识也是各有殊异。事实上，管理学意义上的管理，首先，它是一种活动。管理必须采用活动这一具体的行动方式来开展。其次，它是一种职能活动。管理并不是一个无序的行动，而是运用各种职能组织起来的活动。最后，它是一种计划、组织、协调、领导、控制、激励、创新的职能活动。因此，在管理学意义上，学校管理应该是在学校内部及其外部所进行的一项计划、组织、协调、控制、领导、激励、创新的职能活动，该活动的具体场所是学校。管理学思想的引入为人们全面理解学校管理提供了方向。简言之，引入管理学思想的学校管理学开始从单一的"教"转变为"管"。因此，借鉴西方的教育管理理论，同时结合国内的教育发展实情，提出我国特有的学校管理理论才是根本要义。

（五）教育管理与教育行政

教育管理是指国家为贯彻教育方针，实现培养目标，而对教育系统所进行的计划、组织、控制等一系列有目的的连续活动。它包括教育行政管理及学校管理两个部分。学校管理的主要内容是学校管理体制、学校管理过程和方法、学校思想政治工作、教学、科研、生产劳动、体育卫生、人事、保卫、总务、财务、图书仪器以及其他各项工作的管理等。教育行政亦称"教育行政管理"。教育行政管理的定义为：国家对教育事业的组织、领导和管理，以及承担国家对国民的教育义务和实现教育目标，由各级教育行政机关负责。其主要内容有：贯彻教育方针、推行教育法令、拟定教育规章、编制教育计划、审核教育经费、任用教育人员，视察、指导和考核所属教育行政单位和学校工作。其实，教育管理本身不是目的，而只是一种手段。教育管理的目的归根结底是保障全体公民的受教育权利，并为实现国家的教育理念、促进社会教育事业的发展创造条件。教育管理的外延与内涵是明显大于教育行政的。教育行政是教育管理中的一部分，也就是说教育行政是一个从属概念，而教育管理是其上位概念，除了教育行政管理之外还有学校管理。从具体关注点来看，教育行政更多的是站在一个领导全局的高度，去制定相关的政策法规并对其实施与监督等。可以认为教育行政是同教育国家化紧密联系在一起的，是现代国家行政职能扩大化的产物。

教育行政是从一个宏观的视角来进行管理，从总体上对全部的教育事业发展所进行的规划、计划和协调，以求达到最佳效果。而教育管理的另一层面——学校管理，则更加关注微观的层面。它是服从于"宏观管理"（当然它也有很大的自主权），在宏观管理的指导下进行，其目的在于充分发挥校内人力、财力、物力诸因素的作用，利用校内外各种有利条件组织和领导学校全体成员，以有效实现学校教育目标。

（六）学校经营与学校行政

学校经营与学校行政从其字面意义上，可能看不出太大的区别。仅有的差异可能体现在"经营"与"行政"两个词义的不同。但研究发现，两者的差异不仅仅是用词的不同，其理论基础也有着显著的差别，也就是说两个概念的确立是建立在不同的学科基础之上的。学校经营更多的是从经济学的理论基础出发，结合教育机构（学校）的环境条件，合理配置教育资源，以实现学校效益最大化，最终实现教育目标。其更多的理论来源于上位学科——教育经济学。而学校行政则不同，它是从政治学、管理学的理论基础着眼，更多地将思想建构在教育行政学这一上位学科。它是为了实现教育目标，对教育事业进行的组织、领导和管理。它更偏重于宏观层面的指导，学校经营更倾向于微观的"执行"。

另外，两者的历史发展时间也是不同的。学校行政在隋唐时代就已经形成，它是与当时大一统中央集权的政治领导体制相适应的。而学校经营是伴随着计划经济向市场经济的转型过程产生的。社会的迅速发展使外来思想影响着原有的落后的教育理念，人们逐渐认识到教育，尤其是学校教育不能仅仅依靠国家管理，而要适应市场经济的需要，必须要有一个思想上的突破，即学校在某种程度上也是可以"经营管理"的。

学校行政的概念相对来说比较少见，因为教育行政的外延往往包括了学校行政。但是通过仔细分析可以发现两者还是有区别的。学校行政单指学校这一特定场域，比较具体。相比学校经营而言，学校行政应该是教育委员会根据学校教育法等教育行政法规，对学校有总括性的管理权，并且依照法令、条例、规则的有关规定，执行事务的管理，这些事务没有超过学校的管理经营范围，大部分事务是通过校长的判断或职员会议的决定进行处理的。

由此可见,从范围而言,学校经营的范围应该更为广泛,它不仅仅关注学校的内部,同时还注重学校诸多的外部环境。学校行政只是重视了学校的内在行政管理,对于外部的关注相对较少。

二、高校管理的理论基础

(一)科学管理理论

科学管理理论的主要观点:一是在科学手段治理之下,工作人员需要将过去的知识整理汇总,并进行统计、分类,完成一份完整的操作规范与流程制度,帮助工人更好地完成日常工作。二是总结工作的操作步骤和方法,替代以前的依靠经验的工作方法。三是更加精准地选择工人,开展相关的辅导工作,让其成长起来。这与过去让工人自主选择工作、根据自身情况进行训练有很大区别。四是充分配合工人的工作,保证安排的工作内容都可以依照事先制定的计划开展。五是将管理人员和工人的职责平均分配。管理人员要负责相比工人而言更擅长的工作内容,之前,管理人员是把大部分工作内容都分配给工人。

(二)一般管理理论

经营和管理是两个不同的概念。经营是指导或引导一个组织趋向一个目标,它包括技术活动、商业活动、财务活动、安全活动、会计活动、管理活动,管理是这六种活动中的一种,它由计划、组织、指挥、协调、控制等五种要素构成。管理应当预见未来,预见性即使不是管理的全部,至少也是其中一个基本的部分。预见,既表示对未来的估计,也表示为未来做准备。因此,预见本身已经开始行动了。

(1)计划工作在不同的情境下可以有多种体现方式。行动计划是把需要实现目标和完成目标的所有方式、手段、过程等做出详细的记录。行动计划非常恰当地展示了所有的计划内容和安排。

(2)组织包括有关组织结构、活动和相互关系的规章制度以及职工的招募、评价和训练等。一个组织的效率取决于其成员的素质和创造力,所以应特别强调对职工的选择、评价和训练,职工的地位越高,则对其选择越应花费较多的时间。

(3)指挥是使社会组织建立后发挥作用所做的努力。指挥权要分配给领导者,每个领导者都承担他自己单位的任务和职责。指挥的目的是使本单位中所有的职工都能做出较大的贡献。

(4)协调是指组织的一切工作都要和谐地配合,以便组织的经营能顺利地进行,并有利于组织取得成功。因此,要使每个部门的工作都与其他部门协调一致,要使各个部门清楚自己所承担的任务和部门之间的相互关系,并且使得各部门的计划经常随情况的变化而调整。

(5)控制是检验每一件事情是否同所拟订的计划、发出的指示和确定的原则相符的过程,其目的是发现、改正错误和防止重犯错误。

(三)科层制理论

科层制理论阐述了一种依据理性思维设定的高产能、理想型的工作方式,其中对于团队工作分工和各个级别的设置是该理论体系的重要组成部分。韦伯提出在高效的团队管理系统中,为了更好地完成任务,需要把各个步骤都拆分成一项项基础的工作,然后将其分配给团队的每个成员。在这样精细的划分下,团队中的每一个流程都有固定的人员进行工作,团队中的工作人员之间并不会因为个人情感而影响工作,可以按照理想的规则开展工作。同时,团队要明确指定每个工作人员的责任和权利范围,使得员工可以准确地执行任务。

理想的行政组织体系的结构分为三个层次,最高领导层相当于高级管理层,行政官员层相当于中级管理层,一般工作人员相当于基层管理层。科学管理理论的代表人物不仅强调了上述理论,而且归纳了提高管理效率的基本原则。

1.统一指挥原则

统一指挥原则是指组织中没有一个人应该接受来自多方面的命令,组织中的上级与下属要明确自己的权责范围,形成纵向的沟通渠道,以避免产生无人负责的现象。

2.授权的原则

授权原则的含义是要在一个内容提出后,把最终的决策意见记录下来,便于在日常工作中准确地使用,并且要尽量安排员工独立完成,这可以使得高层的管理人员把有效的时间挪出来去完成更加重大和紧急的任务，专门负责和常规事务内容不同的事情。

3. 责权相符原则

责权相符原则的含义是需要将任务分配给下属员工去完成，并且给予其一定的权利，这样，被给予权利的员工会对此项工作担起责任，在管理中的一个重要原则就是要让工作人员的职权和责任划分清晰。

4. 控制幅度的原则

控制幅度原则要求关注管理人员和其下属在数量层级上的关系，这关系到团队中的领导者和组成人员的基本组织架构。每一个管理人员负责的团队中的员工人数最好少于六人。这需要管理人员掌握对于幅度的定义，若下属人员的数量按照算数关系递增，那么需要的管理人员的数量也要呈几何关系递增。管理人员不需要对下属的人数制定固定的规则，而是要关注管理人员的个人特征及他和下属人员在地理位置的远近以及他的下属人员在完成工作时的稳定程度等。

（四）需要层次理论

需要层次理论把人的各种需要划分成五个层次，并按照其需要满足的先后顺序进行排列。

1. 生理的需要

生理的需要是指人类对维持生存、延续生命的基本的物质需要，如对食物、水、住房等物质条件的需要。人们有关生理的需要是第一位的、最优先的需要。

2. 安全的需要

安全的需要是人们为了规避危险和威胁等的需要。具体包括稳定、有依赖等方面的需要，如对人身保险、医疗保险、食品卫生、住房保障等方面的需要。当生理需要满足时，人们就会追求安全的需要。

3. 社交的需要

社交的需要是指人们对感情和归属的需要，包括人们对朋友、亲人、团体、家庭等正式或非正式组织的位置期待等。当一个人的物质需要和安全需要获得了相对地满足后会产生社交的需要，若一个人不被他人或集体接受，则将会产生孤独感、自卑感、精神压抑、心情郁闷等体验。

4. 尊重的需要

尊重的需要是指人们对地位和受人尊重的需要，包括自尊心、自信心、成就、名誉等外界对自我的尊重和自己对自我的尊重等需要。

5. 自我实现的需要

自我实现的需要是指一个人要实现自己的理想，并能不断地自我创造和发展的需要，包括他寻求最适宜的工作，发挥他的最大潜能，表现他的情感、思想、愿望、兴趣、能力、意志和特性等方面的需要。

虽然需要层次理论存在抽象地谈论人的需要等不科学的方面，但把人的需要分为不同层次这一点无疑是正确的，也是可供学校领导者借鉴的。学校领导者可以从解决教师和学生的基本需要着手，逐步解决其他问题，为学校教师和学生的创造力与潜能的开发，以及他们的自我实现创造条件。例如，在学校管理中，可以通过改善学校的校舍、保险、工资待遇等物质条件，满足或基本满足教师和学生的生理需要与安全需要的期待，通过营建良好的学校文化，增加晋职、奖励等机会，适应教师和学生社交的需要、尊重的需要以及自我实现的需要等高层次需要的期待。

（五）双因素理论

双因素理论也称"激励、保健因素理论"。赫茨伯格将使职工感到满意的属于工作本身或工作内容方面的因素（如成就、赏识、工作本身、责任、提升、成长等）称为激励因素；使职工感到不满意的工作环境或工作关系方面的因素（如政策和管理、监督、与上级的关系、工作条件、工资、与同级的关系、个人生活、与级的关系、地位、安全等）称为保健因素。保健因素类似于卫生保健对身体所起的作用，只能预防疾病，不能直接提高健康水平。同样，在工作中保健因素不能直接起到激励职工的作用，但能防止职工产生不满情绪。当保健因素改善后，职工的不满情绪会消除，但并不导致积极的后果，而只是处于一种既非满意、又非不满意的中性状态。只有激励因素才能使职工产生满意的、积极的效果。双因素理论与需要层次理论均能为解决学校的管理问题提供启迪。

（六）人际关系理论

人际关系理论是早期的行为科学理论，其从人本的观点出发，用试验的方法去探讨管理过程中人的因素对管理效率的影响，给学校管理者以新的启迪。由此可见，学校管理效率的提高，既不能单纯从学校组织的观点去设计，也不能完全用科学的工作分析方法去解决。提高学校管理效率的重要途径在于建立和谐的人际关系。受人际关系理论的影响，部分学校领导者更加重视教职工在学校管理中的主体地位，开始探索民主管理的理念和学校管理的民主化问题，教师参与管理的理念和做法反映出在教育管理领域，学校领导者一定要意识到教职工和学生才是学校发展的动力之源，要重视教职工和学生的心理、社会等需要，注意教职工和学生的满意程度和内在动机，积极调动教职工和学生的积极性与主动性。

因此，学校领导者应致力于：激励教职工的工作热情、事业心、责任感和成就感；为每个教职工的知识、才能的发挥创造机会和条件；加强组织内部的团结，消除人与人之间的矛盾和冲突，改善学校内外的人际关系，增强群体意识和组织的凝聚力；帮助教职工消除困惑和苦恼。

（七）管理方格理论

人际关系理论虽然注意了人的社会属性，提出了"非正式组织"的概念，但在对如何协调正式组织与非正式组织间的关系方面又表现得较为欠缺。因此，出现了专门研究正式组织与非正式组织相互关系的组织行为理论。其中，管理方格理论是比较有代表性的。

管理方格理论认为，领导方式存在着"对人的关心"和"对生产的关心"两种不同因素的结合，领导者应避免只关心一个方面的极端倾向。理论的启迪有相通之处，学校管理者在重视改善学校物质条件的同时，也可以创造条件。

（八）当代管理理论

社会系统学派认为，"效率（efficiency）"和"效果（effectiveness）"这两个词是有差异的。组织要想持续存在，有效性和效率都是必不可少的，而且组织存在的时间越长，这两者的必要性就越发突出。组织的活力在于组织成员贡献力量的意愿，而这种意愿要求这样一种信念，即共同目标能够实现。如果在进行过程中发现目标无法实现，那么这种信念就会逐渐削弱并降到零，有效性就不复存在了，做出贡献的意愿也就随之消失。同时，意愿的持续性还取决于成员个人在实现目标的过程中所获得的满足，如果这种满足不能超过个人所做出的牺牲，意愿也会消失，组织就没有效率；反之，如果个人的满足超过其牺牲，做出贡献的意愿就会持续下去，组织就富有效率。

第二章 现代高校管理机制的结构

一个充满活力的高校管理机制，一定是高校管理的决策机制、激励机制、信息机制和资源配置机制各自充满活力并相互协调的动态体系。本章主要分析现代高校管理机制的结构，分别论述了高校管理的决策结构、高校管理的信息结构、高校管理的激励结构和高校管理的资源配置结构。

第一节 高校管理的决策结构

高校管理的决策结构是高校管理机制的功能结构性基本构成要素，它是指高校管理的决策资源、规则与行动以及三者之间的制度化关系。高校管理的任何决策，都是决策对象、决策信息、决策方式、决策理念和决策利益等决策要素之间的相互作用，同时又都是发生在特定时空和决策结构之中的决策行动。结构的二重性表明高校管理的决策结构既是决策行动的中介，又是决策行动的结果。

高校管理决策者包括决策分析者、决策裁定者和决策审批者，是代表高校管理做出某项决策并对该决策的实施承担责任的个人或集体。高校管理决策者分析，重点在于明确决策主体的角色定位、权力和责任。

高校管理决策分析者可以是决策智囊机构，也可以是决策咨询专家。他们是决策的设计者，对决策裁定者负责。高等教育行政机构，高校领导机构和高校的各个职能机构，如党委办公室、校长办公室、组织部、宣传部、发展规划与学科建设办公室、教务处、研究生院、人事处、财务处、科学研究处、国际交流处、招生就业处等，高校的学术机构，如专业委员会、教授会等，都是一般意义上的高校管理决策分析者。应邀参与某种决策设计的专家学者是特定意义上的高校管理决策分析者。一般意义上的高校管理决策分析者在决策过程中的角色定位是相对稳定的，充当着高校相关决策分析的"常务"角色。他们的权力主要体现在有权把哪些问题列入决策预案,有权对决策预案加以先后排序,有权将决策预案纳入决策设计程序,有权决定决策设计的内容、进程和结果等,他们必须承担相应的责任。一是承担主观因素导致权力滥用的责任,二是承担客观因素导致权力扭曲的责任。权力扭曲责任追究是一种绩效责任追究,而权力滥用责任追究是一种纪律和法律责任追究。特定意义上的高校管理决策分析者在决策过程中的角色定位是不固定的,充当着高校相关决策分析的"随机"角色。他们的权力是"随机"的,他们的责任也是"随机"的。

在他们参与决策分析的过程中,一经发生权力扭曲或权力滥用,他们参与高校相关决策分析的"随机"被选角色就会被取消。高校管理决策裁定者是决策方案的权威决定者,一般是高等教育行政官员,校党委会和校务委员会或其中的成员,在决策过程中充当着"权威"角色。他们的权力主要体现在有权对决策分析施加决定性影响,有权将决策设计纳入表决程序,有权做出决策方案的最终抉择,有权将决策结果纳入审批程序等。高校管理决策的"权威"角色必须对自己的权威决定负责,其中包括权力扭曲责任、权力滥用责任和决策分析领导责任。同样,他们的权力扭曲责任也是一种绩效责任,而他们的权力滥用责任则是一种纪律和法律责任。与决策分析者不同的是,他们的决策分析领导责任是一种纪律和法律责任,而不是一种绩效责任,因为他们对决策分析施加的决定性的不良影响不仅会导致决策分析权力的扭曲,而且会导致决策分析权力的滥用。

为了避免高校管理决策的重大失误,对于比较重大的决策通常需要由另外一个权力机构或上级组织机构对该决策进行审核和批准。这一机构就是决策审批者。我国高校管理决策审批者是中央和省政府的教育主管部门,他们是高校管理重大决策的最终裁定者。他们在决策过程中的权力主要表现在有权对重大决策的正确性和可行性进行评估,有权否决重大决策结果,有权将重大决策结果返回高校并要求对重大决策结果进行修改,有权停止审批过的决策的实施等。他们的决策审批责任是一种决策领导责任,同决策分析领导责任一样,也是一种纪律和法律责任。与决策分析领导责任不同的是,决策审批者不对审批过的决策所实施的结果负责,但对审批过的决策所实施的不良结果的进一步延续和恶化负责。

高校管理决策对象是指高校所开展的活动,从功能上看,这类活动包括育人活动、科学研究活动和社会服务活动。育人活动是促进人的发展进而推动经济社会发展的基本活动。人的发展不同于其他事物的发展，人具有意识、理性和智慧，意识同存在相对应。万事万物都是存在，人是有意识的存在，意识把人同其他万事万物区别开来。理性同感性相对应，一切生命体都有感性。人是一种特别生命体，既有感性，又有理性。理性把人同其他生命体区别开来。智慧同本能相对应，一切动物都有本能。人是一种特别的动物，既有本能，又有智慧。智慧把人同其他动物区别开来。尽管人的发展不可能是没有人特有的意识、理性和智慧的发展，然而，这些发展不能简单归结为社会实现人发展的根本要求，因为社会通过人的实践来实现人的发展。实践和认识具有统一性。

育人活动是与人的知识化相联系的实践活动。人要发展，就必须有目的地、能动地从事生产，认识和正确处理人与自然的关系，认识和正确运用自然规律，改造自然，从中获取直接经验，并把直接经验转化为间接经验，通过交流和传递间接经验，实现直接经验性生产向间接经验性生产的飞跃，使间接经验性生产逐渐占据主导地位。从事间接经验性生产，要求掌握间接经验，实现知识化。人在生产中发明了语言、文字，又通过教育和语言、文字，来传递间接经验，实现知识化，其中包括实现专业化。人就是在知识化进程中，通过生产活动来获得生活资料和生产资料，实现自身发展的。人的知识化是一切社会实现人发展的根本要求。没有人的知识化，人的发展是难以想象的。因此，促进人的知识化的育人是社会实现人发展的根本。

育人活动是与人的社会化相联系的实践活动。人属于社会，存在于社会，并在认识和正确处理人与社会的关系中，在认识和正确运用社会规律的社会活动中，实现自身发展。人与社会的关系首先是人与人的男女关系。人的一切社会活动都是在人与人的男女关系的基础上展开的。随着社会活动的深入开展，社会形态的形式就由人与人的男女关系，发展成为家庭，而至氏族、村落、部落、民族、国家、世界；社会形态的内容就由人与人的男女关系，发展成为分工，而至私有制、阶级、政党、政治、法律，以及在此基础上形成的思想、道德、宗教、哲学、艺术等社会意识，从而形成一定的生产关系、上层建筑和社会意识。人的社会活动是在生产关系、上层建筑和社会意识中进行的，所以，了解、适应和运用生产关系、上层建筑和社会意识，实现人的社会化，也就成为人们从事社会活动的必然要求。语言、文字使生产关系、上层建筑和社会意识以知识形态呈现出来，并通过教育加以传承，再运用于社会活动，在社会活动中加以完善，从而实现人的社会化。没有人的社会化，人的发展同样是难以想象的。因此，促进人的社会化的育人也是社会实现人的发展的根本。问题在于，任何实践，都是由个人参加的，没有个人的发展，就没有社会的发展。因此，育人活动是促进人的社会化的基本活动。

育人活动是与人的个性化相联系的实践活动。人具有意识、理性和智慧，因而人意识到自己的兴趣、爱好、需要等，意识到只有通过自己的活动才能满足自己的兴趣、爱好、需要等，并在活动中运用自己的意识、理性和智慧，也就是说，人具有个性和个性自由。遗传、环境、教育是影响个性形成的三大要素。在同样的遗传和环境下，个人可以通过自己的努力和选择接受不同的教育，来形成自己的个性，改变自己的命运。个性自由在人的发展中发挥着作用。人的个性化是一切社会实现人发展的根本要求。没有人的个性化，人的发展同样是难以想象的。因此，育人活动是促进人的个性化的基本活动。

人的知识化、社会化和个性化，三者在人的发展中既不是孤立存在的，又不是可以相互替代的。知识体系中有自然知识和社会知识，其中，自然知识和一些社会知识，是不以社会形态的变化而变化的，所以，人的社会化代替不了人的知识化。社会知识的掌握和运用对人的社会化具有重要意义，所以，人的社会化依赖人的知识化。人的社会化，要求人在掌握知识的基础上形成符合社会要求的世界观和行为习惯等，所以，人的知识化又代替不了人的社会化。一切人的知识化和社会化，都是以个人的知识化和社会化为前提的，所以，人的知识化和社会化不能排斥人的个性化。在人的发展中，人的知识化、社会化和个性化，三者相互依存、相互促进，缺一不可，因而是一切社会实现人发展的根本要求。一切社会的育人，都必须反映这一根本要求，促进人的知识化、社会化和个性化。因此，促进人的知识化、社会化和个性化的育人是一切社会实现人发展的根本。育人为本作为体现一切社会实现人发展的根本要求，其思想内涵就是以促进人的知识化、社会化和个性化为本。

育人活动的特点主要是追求人的知识化、社会化和个性化的有机统一和最大化，而这又依赖于学生的学习效果，而学习效果不仅依赖于教师的执教积极性，而且依赖于学生学习的积极性。这意味着，高校育人活动的决策，必须呵护教师的执教积极性和学生学习的积极性，必须有利于实现人的知识化、社会化和个性化的有机统一和最大化。

从世界观上看，科学是对具有客观性和普遍性的知识加以解释的陈述系统，这一规定在一定程度上受制于科学工作者对世界的基本看法。如果像唯心主义世界观那样坚持上帝创造世界，那么，科学陈述系统最终难逃目的论的桎梏。如果坚持唯物主义世界观，那么，知识客观性和普遍性最终将通过那种不以人的意志为转移的因果关系来得到解释。科学是科学行为的必然产物，而科学行为又受到人生观、价值观和伦理观的制约。批判是科学的建设性武器。正如波塞尔所说，引导科学发展的是提出问题，保证科学中找出正确结果的是科学批判。科学家只有把自己的科学行为置于其他科学家的监督之下，抛弃"唯我独尊"的人生观，科学批判才能得以正常展开。科学发展固然需要科学家的献身精神，但科学行为一般受制于那种客体满足主体需要的利害关系。中世纪由于坚持人体不可侵犯性的伦理道德而禁止尸体解剖。这表明，世界观对科学有非常重要的影响和作用。当然，科学对世界观的影响和作用也是毋庸置疑的。科学研究成果汇成知识，而掌握知识可以改变人对世界的看法和人的行为，知识的利用亦可满足人的需要。

从方法论上看，从对科学研究对象的界定到对科学知识来源的追寻，从对科学上陈述系统的解释到对每一学科陈述规范的说明，均以科学追求真理的最高目标为导向。学科是科学的存在形式，每门学科都有特定的研究对象，由此决定学科的结构。科学研究对象的清晰化和精细化亦是科学一步一步走向最可靠认识的标志。人们曾经把经验和理性当作科学知识的来源，然而，来自自我观察的经验不具有客观性，而受理性支配的许多"传统"和"权威"也在不断退出科学的历史舞台。今天我们知道实践是科学知识的来源，科学家普遍承认实验是科学知识的来源，其原因在于实验本身就是一种实践，至少是一种"准实践"，即通过实践或实验来检验事物的客观性和知识的可靠性。库恩把科学上的陈述系统称作"范式"，即自身不被问题化的基本看法。波普则把科学上的陈述系统称作推翻假设的"证伪"系统。虽然二者在科学方法论上存在如此大的差异，但是，"范式"论的核心在于解释科学陈述系统需要理论化的坐标，"证伪"的核心在于说明真理的证据不可能在经验科学中找到，自然规律的正确性可以用"证伪"的方法来证明，二者强调的都是科学陈述的真实性和可靠性。每一学科都有一定数量的基本陈述，它们构成了学科理论的表达方式。无论科学家多么不情愿放弃这些基本陈述，然而，某一学术规范一旦不能满足该学科陈述客观性和可靠性的要求，该学术规范的变化就是不可避免的，其原因在于科学陈述受到历史条件的限制，并随时间的推移而发生变化。科学陈述的变化表明它的可检验性，而这种检验指向的正是科学认识的客观性和可靠性。

决策信息是决策的前提条件，它的采集、储存、传输、处理是一个系统工程。决策信息工程既可以为决策提供信息，也可以对信息进行必要的分析和加工，如进行市场预测，对决策备选方案进行仿真分析、风险分析、可行性分析和可靠性分析，并加以评价、排序和优化等。

高校办学现状是高校管理决策的校情依据。高校办学现状主要包括组织结构及其功能现状、学科专业结构及其功能现状、教师结构及其功能现状、基本设施结构及其功能现状、财务结构及其功能现状和学生结构及其功能现状等。高校管理决策必须从办学现状出发，使决策符合学校实际，确保决策的顺利执行。对校长及管理者来说，必须认真考虑办学现状及其潜在的力量，在决策中注意理解办学现状可能达到的发展程度，在价值判断上评价办学现状可能达到的功能程度，在实施结果上估计办学现状可能达到的影响程度。从这个意义看，高校管理决策就是对办学现状各要素进行系统组合并使其功能得到有效发挥的方案制订过程。

教育方针是一定历史时期国家通过一定的立法程序，依据经济、政治、文化、社会发展的需要和约束条件而制订的教育事业总的发展方向和奋斗目标，是对教育政策和法规的高度概括。高校必须把全面贯彻落实教育方针作为自己的首要职责，高校管理决策必须全面体现教育方针。教育政策是国家、政党为了实现一定历史时期的路线和任务，根据当前教育发展的情况和历史条件制订的具体行为准则，对教育机构和个人教育行为都具有指导性，而教育法规是以法律程序和手续确定下来的教育政策，它体现为一种规范，明确规定教育机构、个人在一定情况下可以做什么或不可以做什么，应当做什么或不应当做什么，并以这种规范来评价教育机构、个人的教育行为。这种规范有确定的质和量的界限，具有强制性和约束力。教育法规和教育政策相比，具有明显的稳定性和连续性，但两者都是高校管理决策中必须遵守的行为准则和规范。

高校有教育活动和管理活动两类基本活动，与此相对应的也就有教育目标和管理目标两类基本目标。教育目标是根据一定的教育目的和约束条件，对一定时期教育活动的预期结果即受教育者的预期身心发展水平和状态应当达到的质量规格和标准所做的规定。学校管理目标是指学校应当办成什么样子，学校管理工作应当达到的质量规格和标准，学校管理目标的制定必须以教育目标为主要依据，而学校教育目标的实现则又以学校管理目标的实现为前提。从教育目标的意义和功能作用的角度讲，学校教育目标是引导学校教育行为向学校教育目的前进的出发点和归宿。教育目标把教育的最终结果分解为各个阶段的要求，使之成为各个阶段目的的动态集合，使目的的结果性表现出办学过程性行为的指南。它不仅是学校教育系统的控制基准、教育行为的导向标志、教育效果的评价尺度，而且它与一定的教育观相联系，制约着教育内容、教育方法和教育进程，贯穿于教育过程的始终。除了非预期的教育效果外，教育目标既是高校教育活动的出发点，又是高校教育活动的归宿，在学校教育决策中处于极其重要的位置。因此，为高效益、高质量地达到教育目标和管理目标，高校的决策者在决策时必须以高校的教育目标和管理目标为依据，注重决策内容与教育目标和管理目标之间的统一性和协调性，所做出的规定不能冲击或减弱教育目标高效益和高质量的实现。

现代教育系统管理理论把教育管理当作一个开放的复杂系统，把开放环境下教育管理的目的性、适应性、复杂性、秩序性，作为重点，认为学校既是一个有机的、相对独立的系统，又是社会系统的一部分，是以人的集合为主要构成要素的人才培养系统。以此，管理者必须从系统的思想出发，研究人、财、物、时间、空间、信息等之间的关系，探索一种好的或比较好的教育管理模式。它把系统管理理论、原则和方法引入学校管理之中，使学校管理更加科学化。它把预测、规划、评价等新技术和新方法引入学校管理之中，为学校管理创立了教育预测、教育规划、教育评价等新方法。它从系统的整体上研究影响高校教育质量和秩序的各个因素之间的关系和联系，研究各种不同组合方式所产生的不同效果，研究解决问题的整体方案，研究实现组织协调性、结构合理性、运行稳定性、环境适应性和技术先进性的系统分析方法。这些观点和方法为高校管理决策，特别是重大问题的决策，提供了重要的理论依据。现代教育人本管理理论把人全面自由发展作为教育管理的核心，把自我管理作为教育管理的基础，把组织的共同愿望作为教育管理的导引，把创设适应性环境作为教育管理的关键，认为教育管理是一种引导性的自我管理，其核心是促进人全面自由发展，通过创设有利于人全面自由发展的环境来引导自我管理朝着组织的共同愿望迈进，实现个人目标与组织目标的统一。这些观点为高校管理决策，特别是学生工作决策，提供了重要理论依据。

高校管理的决策方式是指高校管理决策的程序以及制度化、规范化手段。决策是关于活动的决策。活动依据其作用对象的不同分为独立活动和互动活动。独立活动是以自然为作用对象的活动，互动活动是以社会为作用对象的活动。对独立活动进行决策被称作独立决策，对互动活动进行决策就是互动决策，这是从使用活动的阶段来理解决策。如果从使用活动的方式上理解决策，那么，独立决策和互动决策就是两种不同的决策方式。高校活动主要是面向社会和人的活动，所以，一般说来，高校管理决策方式是互动决策方式。互动决策的利益相关者以对抗或非对抗、合作或非合作、补偿或非补偿的方式相互博弈，因此，从这个意义上讲，高校管理决策方式可分为对抗性决策方式和非对抗性决策方式、合作性决策方式和非合作性决策方式、补偿性决策方式和非补偿性决策方式。这是把高校管理决策方式理解为一种策略。高校管理决策方式也是一种组织原则和制度。这里要探讨的高校管理决策方式就是作为组织原则和制度的决策方式。

高校管理的决策理念是决策者进行决策所依赖的指导思想和价值观。决策本身是决策者的行为方式，而任何决策行为方式都是以一定的理念为基础的，这种为决策行为方式奠定基础的理念，就是决策理念。它是意识形态在决策中的反映，其中主要包括核心价值体系规定和原则规定。高校管理决策理念就是建立在核心价值体系规定和原则规定之上的。核心价值体系规定涉及决策的指导思想、理想信念、精神意志和道德规范，从根本上讲就是涉及什么是理想的决策。我国社会主义核心价值体系的基本内容包括马克思主义指导思想，中国特色社会主义共同理想，以爱国主义为核心的民族精神和以改革创新为核心的时代精神，社会主义荣辱观。它在指导思想上规定高校管理决策必须体现马克思主义；在理想信念上规定高校管理决策必须把思想和行动统一到社会主义现代化建设的部署上来；在精神意志上规定高校管理决策必须弘扬民族精神、时代精神、科学精神、艰苦奋斗精神和奉献精神；在道德规范上规定高校管理决策必须倡导爱国、敬业、诚信、友善、文明、公正的道德风尚。核心价值体系对高校管理决策的规定主要通过行动方案选择附加的要求和行动方案本身所赋予的机会来体现。在我国，高校所选择的行动方案总是赋予社会主义核心价值体系守护者以更多的机会。机会均等是完全竞争条件下的一种理想，为核心价值体系规定所制约的高校管理决策本身就是不完全竞争的。如果说高校管理决策者本身是社会主义核心价值体系的守护者，那么，他们的喜好本身就决定了机会一定是向社会主义核心价值体系守护者倾斜的。机会的这种倾斜反过来又给社会主义核心价值体系的坚持和守护以强有力的推动。原则是行动者采取行动的基本准则。在高校管理决策中，原则规定涉及决策是否科学、是否符合公认的价值判断。科学性原则规定涉及决策信息是否充分，决策分析是否系统，决策途径是否民主，决策预选方案是否可行，决策的时机是否适宜。而价值性原则规定涉及决策是否符合公共利益，是否体现决策利益相关者的意志。

高校管理的决策是以信息为基础的，决策的正确与否在很大程度上取决于决策所需信息是否充分。信息充分包含两层含义：一是指信息相当全面；二是指信息较为准确。尽管在现实生活中信息是不完全的，但是，高校管理决策应该努力建立在信息既全面又准确的基础上，这是保证决策正确性的基本要求。现代社会是一个复杂多变的社会，信息量正在以飞快的速度不断增长着。信息是决策的基础，只有掌握了较为充分的信息，决策方有可能是正确的。在高校管理决策中，仅靠"拍脑袋"进行决策是不行的，这种"拍脑袋"式的决策就是非科学决策。高校办学所涉及的内容十分广泛，每一项决策都要求更全面更准确地掌握相关信息。可以说，高校管理决策的科学性与其信息的准确性成正比，信息的质量越高、越真实可靠、越全面，决策的基础就越坚实，决策科学性也就越有保障。

决策正确与否在很大程度上取决于决策分析是否系统。现代系统论是决策的一种分析方法。高校管理决策的系统分析，就是要从系统的角度去把握决策中的各个要素及它们之间的关系，研究各个因素在整个系统中的地位和作用，它们的主次关系、先后关系，并分析制约系统有序运行的条件。现代大学管理本质上是一种系统管理，管理过程中的每一个因素都不是孤立存在的，每一因素与其他因素都处于一种相互联系之中，这些因素共同组成一个大系统，各个因素都在这个大系统中运动、变化。高校管理者在制定决策时，如果就某个问题论某个问题，对它做孤立、静止的考察，割断这一问题同其他相关问题之间的联系，以及这一问题与其整个系统的联系，那么，就不可能把握住这一问题的性质，以及它在整个系统中的地位和作用，这样做出的决策就难免犯以偏概全的错误。

民主决策是保证决策科学化的重要途径。高校是复杂的系统，办学活动的各个方面纵横交织，相互联系，彼此制约，形成了牵一发而动全身的局面。高校管理决策中哪怕有微小的失误，都有可能引起连锁反应。在复杂多变的高校管理决策面前，任何一个决策者的知识和经验都是有限的，单凭个人决策成功的可能性大为减小，而民主决策将弥补个人决策知识和经验之不足。一方面，高校的任何一项重大决策，都不能由某个领导者说了算，而必须在民主集中制的基础上由决策集团做出；另一方面，发挥咨询参谋机构及其人员在决策中的作用，让他们充分参与决策过程并帮助决策者进行决策。民主决策并不排斥个人决策。民主决策原则与其说是对个人决策的排斥，不如说是对个人决策的"扬弃"。当一个领导者分工负责某项工作，而这项工作又迫切需要加以决策时，这个领导者决不能以民主决策为借口而放弃做出决定的有利时机。

决策预选方案是否可行预示着决策是否正确。具有可行性的决策，就是有人力、物力、财力、科技水平和时间做保证的决策，就是有执行手段和办学承受力的决策。"机不可失，时不再来。"高校的任何决策都应该抓住有利时机，当断即断，当行即行。"时间就是金钱""效率就是生命"，这既说明了时间的可贵，也反映了时间与效率的关系。今天，高校无论是在制定决策还是在执行决策时，都应该树立现代时间观，增强时间意识，注重时间期限，正确处理时间与效率的关系，使每一项决策都成为一项有效的决策。

虽然高校有自身的利益，决策不可能不兼顾自身的利益，但是，高校肩负着社会责任，是体现公共利益的自组织，大学决策在本质上是公共决策而不是私人决策，高校管理决策必须把公共利益放在首位。高校管理决策总会涉及一部分人的利益，必须充分发扬民主，以便充分体现利益相关者的共同意志。民主不仅仅是坚持少数服从多数的原则，更重要的是坚持利益相关者参与决策的原则。只有在决策过程中坚持广泛听取利益相关者的意见，充分考虑他们的愿望要求和整体利益，高校的决策才能充分体现利益相关者的共同意志。

高校管理的决策利益是指高校管理决策所产生的利益。决策通常是利益的再分配，它使一部分人受惠，同时又使一部分人让惠。无论是受惠者还是让惠者，他们都是决策的利益相关者。在高校管理决策中，决策者对决策利益的考量是严肃和认真的，他们在决策受惠与决策让惠之间博弈，力求形成这种博弈的均衡局势。

高校管理决策除了涉及人与人之间的利益以外，还会涉及国家利益和高校自身利益。国家利益至高无上。在决策中，当高校自身利益与国家利益发生矛盾时，决策者必须做出有利于维护国家利益的决策。保障国家利益的决策不仅要求它静态地符合国家有关法律、法规和政策，而且要求它动态地符合国家有关法律、法规和政策的变化趋势。由于形势在不断发生变化，既定的法律、法规和政策可能在国家利益的保障上一时跟不上新形势而出现漏洞，这种漏洞可能成为高校管理决策者谋求自身利益的可乘之机。决策行为是否存在为谋求高校自身利益而钻国家有关法律、法规和政策漏洞的嫌疑，这是难以做出明确判断的，这类决策行为的预防既要靠决策者对国家的忠诚，又要靠决策者高瞻远瞩的认识能力。高校管理决策在规定范围内通过校际竞争谋求自身进一步发展的利益，这是高校管理决策机制充满活力的表现。问题的关键不在于为高校实现自身利益而设置制度性障碍，而在于规范高校实现自身利益的决策行为。如何规范高校管理决策行为，这是国家层面必须重点解决的问题。

高校管理决策机制在各决策要素之间建立一种联系，以便促成决策主体与其他决策要素的有机结合，这种联系受制于社会文化制度。反映决策主体与其他决策要素之间内在联系的高校管理决策机制具有客观性，其原因在于这些内在联系反映决策的本质和规律性，决策机制通过这些内在联系来体现它的本质和规律性。当这种内在联系与社会文化制度融到一起时，构建一个具有灵活性、协同性和规范性的高校管理决策机制的制度条件就变得成熟起来。

无论从个人还是从团队而言，高校管理决策者都充当着育人、科学研究和社会服务的功能角色。这意味着，高校管理决策者在决策中面对的是与自己功能角色有紧密联系的决策对象。由于这种联系，决策对象被决策者自我化了，决策者对决策对象存在亲身的体验。即使决策者成为职业领导人，他的功能角色也不会改变。高校的育人功能、科学研究功能和社会服务功能内生性地把决策者与决策对象联系在一起。这表明，高校管理决策者与决策对象之间存在一种功能内生性联系。这种联系决定了决策者不会把决策对象当作"事不关己"的对立面，从而成为决策者深入认识和友好对待决策对象的动力源。

当然,决策者与决策对象之间的这种内在联系并不能简单说明决策者选择和处理决策对象的有效性。决策者的素质对决策对象选择的有效性具有重要影响。决策者要不失时机地在复杂多变的育人活动、科学研究活动和社会服务活动中确定决策对象,并要通过对决策对象的正确处理而有效作出决策,就必须有足够的智慧、自信心、主动性、进取心和责任心。然而,有效的决策不仅仅取决于决策者的素质,而且取决于决策信息、决策方式、核心价值体系和决策相关利益。

高校管理决策者个人总是在一定的决策机构中进行决策,而决策机构又是历史的产物,它有自己的传统、文化、规则、章程、议事方法和行为规范等,从而构成了制约决策的信息,决策者通过这些信息了解什么是可以进入决策程序的,什么是不可以进入决策程序的,什么是常规决策,什么是非常规决策。由于这些信息在一定时期的增长总是有限的,高校管理决策者可以较充分地掌握这些信息。对于决策者来说,更重要在于决策对象信息的复杂性、大量性和易变性,使决策方案制定和选择的依据具有不确定性。降低这种不确定性要求决策者能较充分、较及时地获取关于决策对象的信息。决策者通过决策信息的获取不仅获得决策依据的积累,而且获得决策话语权的积累。这种积累把决策者与决策信息紧密联系在一起。由此可见,决策者与决策信息之间存在着决策依据和决策话语权的积累性内在联系。

高校管理决策者是在既定的决策方式即一种组织原则和制度下进行决策的,他们不能随意选择、随意修改或随意违背决策方式。这是对决策行为的组织性、制度性约束,以便保证决策的有序进行。这种约束最大限度地避免了独断专行或无政府状态在高校管理决策中的发生。决策方式是决策的法律、规制基础,乱用决策方式的决策被视为违法违规的决策。高校管理决策者只有运用既定的决策方式进行决策才是合法的,只有正确运用既定的决策方式进行决策才是守法的。决策者通过决策方式显示其决策的合法性,决策方式又通过决策者显示其对决策行为的规范性。所以,决策者与决策方式之间存在着决策合法性和决策行为规范性的内在联系。无论决策者或决策方式发生怎样的变化,这种联系永远不会发生性质上的变化。

高校管理决策者的决策行为受一定社会核心价值体系所制约,决策行为是决策者世界观和价值观的体现。如果说人的思想不是被内在的决定而是从认识以外的社会存在与他的亲身经历的相互关系中产生出来的，那么高校管理决策者的世界观和价值观就有一个存在基础和在此基础上产生的社会意识形态，核心价值体现就是这个意识形态的结构基础。因此，高校管理决策者的世界观和价值观在他们成为决策者之前就实现了与该社会所认同的核心价值体系的同化，这种同化被当作决策者实行社会选择的重要标准。无论高校管理决策者是如何选拔出来的，社会选择最终总会把坚持核心价值体系的管理人才推上高校管理决策者的地位。高校管理决策者是社会选择的结果而不是个人选择的结果。社会选择与个人选择具有很大的差异，个人选择是受个人意志左右的，而社会选择是受社会意志左右的，社会意志是社会化个人意志的总和，个人意志只有实现了社会化才与社会意志相一致。核心价值体系所体现的是社会意志和社会化个人意志，而不是反社会的或非核心价值体系的个人意志。在社会选择中，社会意志得以人格化，个人意志得以社会化，以至于将那些核心价值体系的反对者和怀疑者排除在高校管理决策者的候选名单之外，将那些背离核心价值体系的"投机决策行为"送上历史审判台以便追究其主体责任并昭示后来者。由此可见，高校管理决策者及其决策行为是通过社会选择而与核心价值体系保持一致的，决策者与核心价值体系之间存在着社会选择性内在联系。

第二节 高校管理的信息结构

高校管理受制于信息结构，它的有效性和稳定性在一定程度上不仅取决于信息的充分性，而且与信息收集、传导、处理、储存、提取和分析的方式有密切关系。从信息结构的角度探讨高校管理过程和规律，对于提高高校管理的有效性和稳定性，具有十分重要的意义。

高校管理是一个从非平衡到平衡再到非平衡的动态循环过程。这一过程客观存在着人力、物力、财力、技术、信息的流动，其中信息流量对以信息为基础进行的资源配置决策和办学活动具有重要影响。从信息论上看，有序的高校管理，取决于足够大的信息量。

高校信息流动的快捷性、准确性和有效性，取决于构成该结构的各信息要素收集、处理、传递信息的功能，而这种功能又在很大程度上受制于高校各信息要素的构成及其相互关系，也就是高校管理信息结构及其演化规律。

高校管理要构建一种简单、明了、固定的信息结构，在很大程度上取决于信息集中，而高校管理决策的正确性，也在很大程度上受制于信息集中。

信息集中是同决策权的集中联系在一起的。在计划经济体制下，信息是相对集中的。但在市场经济体制下，信息则相对分散。我国高等教育体制有市场化行为，但是同其他经济部门相比，更多的是计划行为。在当前市场与计划交互作用的体制下，有些信息相对集中，如招生信息、科研经费信息，教师考核和职称评定信息等。还有一些信息相对分散，如就业信息、后勤工作信息等。无论在计划经济体制下运行的高校还是市场经济体制下运行的高校，信息的完全集中或信息的完全分散都是不可能出现的。

不同的信息类型有其自身的特点和功能，有些信息需要集中，以便统筹安排决策工作，而有些信息需要分散。在高校的各类信息中有关管理、规划、资金、教师成果评定的信息就需要集中。科研信息中的科研经费申请需要由教师、课题组、教研室、学院、学校层层上报，最终统一安排、统筹规划以作出决定。综合治理信息也需要集中，一方面要把国家有关法律、法规、路线、方针、政策的信息集中起来，另一方面又要把高校教学、科研、管理、后勤、学生工作等方面的信息集中起来，才能就综合治理做出比较正确的决定。招生、课程安排也是需要相对集中的信息。

有些信息则对集中程度的要求不高。在市场经济条件下，学校内部的后勤工作基本形成了比较完善的市场竞争模式，由学校管理部门引入竞争、适当补贴、加强监督，故高校的后勤工作不需要通过信息集中以统一决策，只需校方加强监督管理，使得内部竞争机制完善即可。学生社团工作也不需要信息集中，学校管理部门在学生社团工作中所起的作用应该是指导和监督，引导其朝健康的方向发展，具体的决策应由学生社团自行做出，所以并不需要信息集中到管理学生社团的部门。

另外一类信息可能是无法集中的，典型的例子是学生的就业信息。学生的就业和择业主要靠市场调节，学校管理部门不可能将这种自由竞争模式下的信息完全集中。学校相关管理部门的职责只能是对学生就业进行指导、提供服务。

信息通道指的是横向和纵向两个方向的通道。其中，横向的信息通道包含了直接的横向信息通道和间接的横向信息通道。纵向的信息通道指自下而上，上下级之间的层层传达，比如说科研经费的申报就属于信息的纵向传导的过程。横向的信息通道指的是同级之间，两个或两个以上的部门之间的信息传导。直接的信息传导指的是两个部门之间互相交换信息的过程。比如说，图书馆与教学管理部门之间需要互相交换信息，以便使得图书馆的藏书能满足教学需求，这属于两个平级部门之间信息的互换，是直接横向的信息传导。

间接的信息传导指的是两个部门通过两个部门之外的第三方作为中介进行信息传导，并且第三方既非上级部门也非这两方的下级部门。典型的信息横向传导的例子是：实验室与设备管理部门，财务部门，采购与招投标管理中心三者之间存在很多横向的信息传导，其中有直接的横向信息传导，也有间接的横向信息传导。

一般地说，纵向的信息传导更适合信息的集中，因为纵向的传导过程本身就是一个上下级之间传导信息的过程，自下而上的信息上报本身就是一个信息由下级往上级集中的过程。若将两种横向通道相比较，则间接的横向信息传导比直接的横向信息传导更有利于信息集中，因为在间接横向信息传导过程中，起中介作用的第三方收集了其他两方的信息，信息在起中介作用的第三方就形成了一定程度的集中。

信息的传导方式指的是通信能力的质和量。从制度上来说，完善的信息制度、规范的信息传导流程是信息顺利传导、信息集中的保障。从技术上来说，传导信息所使用的工具直接影响了信息传导的质和量，以及效率。随着网络技术的不断发展和完善，互联网成了高校的最重要的信息传导手段。值得注意的是，互联网的优点不仅在于其大容量和方便快捷，而且在于预先设定好的规范流程为信息传导提供了更规范、更统一的路径，这些都有利于信息集中。

信息的处理是指从大量信息中筛选出有效信息并分类整理的过程。信息的处理能力是通过以下几种途径来影响信息集中的。一是速度。信息处理得越快，有效信息的传导就越快，信息就可能尽快集中。二是筛选和分类整理的有效性。高的信息处理能力意味着筛选出来的信息是完整的并且不含多余信息，分类整理是快捷并且正确的。也就是说，良好的信息处理能力意味着选择和整理信息的有效性和快速有利于信息集中。

传导所用的语言是指每个决策者都有用以描述信息的"内部语言"。在高校内部，这些语言所传达的信息对于每个人都有相同的意思，能够被完整并确切地加以理解。但是，为了同其他高校交往，他就必须使用某种"外部语言"。一个信息对任何两个或两个以上高校具有同一含义，就成为"共同语言"形成的必要条件。当各参加信息互换的高校使用的语言不能被其他高校所理解时，就会产生语言问题。因此，在高校之间的信息传导，有时候需要将"内部语言"转换为"共同语言"以实现信息的传导。"内部语言"转换为"共同语言"的难题之一，是转换过程中有可能丢失部分信息或使某些信息产生不符合原本信息含义的歧义。例如，科研项目中的细节信息，包括所需的软硬件设施、科研成果可能的价值，是很难被非专业人员所完全理解的，但是科研部门需要与外界互换信息以支持科研项目的运作。此时就需要找到一种合适的外部语言来与其他部门交换信息。另外，一般所谓"非言辞的感觉"或"直觉的决策"是内部语言的一部分，这些在转换为"共同语言"时，是很难被准确翻译的。这表明，传导所用的语言对信息集中的影响主要体现在信息集中过程中的内涵的准确传达。

决策者对信息结构的处理不同，对信息处理的效率不同，对信息分析和综合的方式不同，决策的效果就会有所不同。以信息为基础的决策也并非完全符合实际的决策，因为决策是决策者主观因素的一个扰动。

收件人是指信宿。专门给某一当事人下达的命令，多半同信息集中联系在一起。就一所高校而言，学生的考试成绩，各部门经费预算等信息，是有明确的收件人的，而另外一些信息则可能是没有明确的收件人的，如学校的招投标信息，校外企业单位向学校发送的招聘信息，等等。

信息是高校管理不可或缺的因素，就像人体运行离不开血液一样。这意味着，信息在高校管理决策中扮演着重要角色。信息结构具有重要的决策意义。

信息是决策的基础和依据。为了说明信息在决策过程中的作用，需要从信息结构说起。信息结构是指信息运动所含各要素之间的内在联系。其中，这些要素主要包括信息主体和信息客体。而这种内在联系反映在主体对客体的作用方式上，即信息收集、信息传导、信息处理、信息储存、信息提取和信息分析，是信息结构中最具重要性的运行方式。从信息的流动性上看，信息通道在信息结构中也具有十分重要的地位。

信息在高校管理决策中的作用在于它构成了合理决策的客观依据。较充分的信息可以减少同环境相联系的不可避免的不确定性。譬如说，高校某一研究机构做出关于开展某一项目研究的决策，在此之前需要获得如下信息：前人的研究进行到什么程度、研究成果的可能价值、可以争取到的经费，等等。结合这个例子，"不确定性"这一概念至少包括这么几层含义：第一，这种不确定性同决策紧密相关，决策目标由此具有模糊性。比如上面的例子中"前人的研究成果"直接关系到是否要开始这项研究，如果前人已经有了这方面的研究而且成果比较完善，那么再进行该项研究可能是徒劳无功的，所以就会做出"不进行此项研究"的决策。第二，这种不确定性同环境紧密相关。比如说上面例子中提到的因素都是外在环境造成的。由此可见，要做出一个决策，必须考察与之相关的环境因素。

就制度来说，高校管理信息结构的构建，主要是从各种信息的分类入手，将满足信息结构合理构建条件的高校的各种信息归纳起来，可以大约分为以下几类：（1）教学工作信息。它包括所有与教学有关的信息，主要包括有关教育教学的法规和政策，有关教学方法的最新研究成果，在教学、课程改革上的新进展，其他院校值得借鉴的教学方法，用人单位对学生专业结构的要求，与教学日常工作相关的信息，如成绩评定、学生选课情况、教学管理工作信息等。（2）科研工作信息。它主要包括与科研的内容相关的前沿研究进展，科研项目有关的政策、法规，科研经费的申报，科研项目的审核和评定，最新的科研成果，兄弟院校的科研进展等方面的信息。（3）图书和网络资源信息。传统的图书馆是一个大学最重要的组成部分之一，是科研和教学工作的重要保障。随着网络技术的普及，网络资源、电子期刊也成为重要的信息来源。图书和网络资源信息提供了教学和科研的必不可少的信息。（4）招生和学生就业信息。它包括国家的政策、法规，用人单位对人才的需求量和对毕业生的要求，招聘信息的发布，对学生进行就业指导，学生的毕业去向等方面的信息。（5）行政工作信息。它包括学校、各院系、各行政部门对工作的部署和计划，上传下达的指令，教职员工的招聘、配置、晋升和提拔等人事工作，关于新的政策、法规、改革措施的传达、上报、执行等方面的信息。（6）后勤工作信息。它包括学校的食堂、宿舍、基础设施建设、设备采购和维护等一系列的后勤保障工作的信息。值得注意的是，在市场经济条件下，学校的后勤工作不再是计划经济体制下的统一计划和管理，而是更多地引入了市场经济机制，所以这些信息有更多的随意性和灵活性。（7）学生工作信息。它包括学生会、学生社团的信息，学生活动的信息，学生思想教育工作的信息，学生心理健康方面的信息，等等。

满足信息结构合理构建的条件是真实性、时效性、全面性、针对性、灵活性和规范性的信息制度。真实性是信息有效性的最基本条件。保证信息真实性的关键不仅在于传导过程中坚持诚实的态度，还在于在传导过程中的每个环节不要产生歧义。这就涉及传导过程中的"内部语言"和"外部语言"的问题，在"内部语言"和"外部语言"的转换过程中，要注意信息内涵的准确传达，不能传导不全面的信息（减少了一部分内涵），有歧义的信息（错误地理解内涵），或者多余信息（在转换过程中增加了新的信息）。

信息是对时效性的要求最高的资源之一。及时的信息会带来最大的效用。反之，不及时的信息的效用会减弱很多，甚至完全失效。所以，在建立信息结构时，应该重点从各方面保障信息的及时传达到位。信息的全面性，指的是信息要包含与决策有关的各个方面。比如说，需要手机图书馆方面的情报，就需要取得与教学、出版商、财务部门、其他学校的图书情报等一系列的信息。

各个部门需要的信息是不一样的。高校中有科研性质的部门、与教学相关的部门、行政职能部门，这些部门各自所需的信息是完全不一样的。另外，文理科的科研、教学之间的差异也决定了其所需信息的差异。

信息的灵活性指决策者在利用信息做出决策时，能够方便地把握信息结构的主题，快速减少冗长和无关的信息。

规范的信息制度包括：（1）流程规范。一是信息主管部门的设置和完善，现代高校可以以图书馆、计算中心为依附，建立专门的信息中心，作为专门的、职能明确的信息管理机构。二是整个学校参与传导信息的各个单位要有关于信息传导的明确的规定和流程，充分对信息传导的各个环节和各种情况予以考虑，预先做好相关的规定和计划，以便使得信息按预先的规定或计划传导。（2）责任规范。一是在信息队伍中加强信息的重要性和信息规范准确及时传导的重要性的教育，使负责信息工作的队伍树立起强烈的责任感。二是将责任明确到每一个人。三是要挑选业务能力强、接受新事物快的人员来做信息工作，并不断督促其学习并提供学习培训机会，尽量提高信息工作队伍的业务素质。（3）通道规范。纵向通道与横向通道各自担负着不同方面的信息传递的任务，它们是不能互相取代，必须同时发展的。同时，他们各自有其优缺点，各自的特点决定了在管理的时候要采用不同的方法。对于纵向通道，主要靠规范来管理。对于横向通道，主要靠其他调节措施来规范和完善。二者不可偏废，要同时发展，保证两种通道的畅通，并根据其优缺点进行互补，以期对各种信息进行完善。对于非正式通道，如网络上的论坛、博客，学生社团之间的交流，教师、职工、学生之间口口相传的信息交换等通道，是无法用规范来管理的，对它们只能采取两种措施：一是扩大正式通道的传导范围，使学校提供的正式通道能满足各方对信息的需求，而不再对非正式通道有所诉求；二是适当对非正式通道予以监督，特别是对网络的监督，对于网上的错误信息要予以管制。

第三节 高校管理的激励结构

高校管理是一种社会行为，它受人的行为所控制。所以，高校管理激励，实际上就是高校管理中人的行为的积极状态，与之相对应的概念是高校阻力，这种阻力就是高校管理中人的行为的消极状态。这样说来，探讨高校管理激励结构，就是探讨高校人的行为的激励结构。

高校管理激励结构是高校管理激励的强弱程度和持续程度的决定性因素。从主体对他所从事活动的积极态度而言，高校管理激励结构可以从学生学习激励、教工工作激励和高校作为一个整体的办学激励这三个层次来考察。每个层次的激励结构的构成要素，因主体所从事活动对其所产生积极意义的不同而有所区分。这种积极意义使主体对其所从事的活动产生一种渴求心理，与特定意义相联系的每一种渴求心理，都是激励结构的构成要素。

一、关于学生的学习激励

学生学习激励是学生学习的力量源泉，它构成了学校有效培养人才的必要条件。有些心理学家认为，学生学习的基本激励源于学生的内驱力，而内驱力作为驱使有机体进入活动的、与身体的生理需要相联系的激起状态，是引起学习动机的生物前提。有些心理学者把内驱力理解为学生所有学习动机的一部分，这也许有一定道理，因为动机是达到目的欲望或愿望。人的许多欲望的确要接受生理机制的自发调节，并通过生理机制表现出来，内驱力可以理解为生理机制的激发力，而学生的学习动机不能独立于生理机制之外。但是学习动机仅仅从生理机制上还不能得到完整的有说服力的解释，因为学习不仅受生理所制约，也受社会所制约。学习动机背后的动因，很少可以归结为生理机制，更多的应该归结为社会机制，即社会存在和运行的过程和方式的总和。如果说由社会机制激发的动机是社会性动机，那么，学习动机背后的动因就应该在社会机制激发力中去寻找。

无论是生理机制所引起的内驱力，还是社会机制所引起的激发力，都是在人的一种渴求心理状态下产生的。人的这种渴求心理状态就是人的需要，它是人的一切活动的激励源泉。社会机制对人的激发力，实际上来自人适应和改造社会所产生的需要。这种需要是高校所有激励的源泉。就高校学生学习激励而言，学生适应和改造社会的需要，与学生适应和改造社会的当前学习任务相联系，其中主要包括学生的社会化需要、就业需要、创业需要、文化继承需要、潜能开发需要。

就学生社会化需要而言，人的社会化，作为个体在社会生活和实践中，逐步把社会规范和时代要求内化为自己的社会需要和人格特征的身心发展过程，反映的是人与社会之间的关系。当今时代是工业化和信息化不断深化的时代，它赋予高校学生社会化需要以明显的时代特征。

就学生就业和创业需要而言，以提高效益为目标、以资源市场配置为手段、以公平竞争为激励、以技术进步为支撑、以职业变动为特征和以社会经济结构的优化升级为间接效果的市场经济，必然导致就业竞争的加剧，从而引起知识性、技术性就业需要的增长，就业者只有具备一定的科学技术知识并持有象征科学技术知识水平的学历，才有赢得就业竞争的胜算。就业需求的增长必然引起学历竞争，从而促进教育的发展。

在知识经济时代，一国经济和社会的持续、高速、健康发展，不仅取决于物质资本的有效增长，而且取决于人力资本、社会资本、文化资本和精神资本的有效积累。国民素质的提高、社会活力的增强、文化底蕴的拓宽、精神文明的进步和高扬，无一不是知识经济发展的激励源泉，而教育无疑是这些激励源泉的发祥地。在市场经济条件下，这些激励源泉将通过就业需求表现出来，进而成为教育发展的巨大推动力。

就业竞争给就业者以压力，而有序的就业竞争会把这种压力转化成提高就业者自身素质的激励。我国社会主义市场经济体制的建立和完善，正在营造有序的就业竞争的良好氛围，广大青少年在感受就业竞争压力的同时，也在为提高自身的就业竞争能力而努力奋斗。就业竞争对就业者的压力，还普遍提高了人们对教育的期望值。这表现在人们现在愿意增加对子女的教育投资，愿意花更多的钱让子女接受更好的教育。这势必引发学校之间的竞争，迫使学校千方百计提高教育质量，降低教育成本，提高办学效益。另外，个人进行较多的教育投资，接受较多较好的教育，又将在市场经济的收入效应作用下获得较高的经济回报，反过来又会进一步提高人们对教育特别是高质量教育的期望值，从而增强人们投资教育的信心。就业需求总量的变动通常是同经济增长速度相联系的。一般说来，经济增长速度加快，就业需求总量会随之增大；反之，经济增长速度减慢，就业需求总量会随之缩小。由于市场经济条件下劳务市场的运行是由客观因素决定的，因而充分就业是不可能实现的。即使经济增长使经济的产业水平达到或超过了其潜在产出水平，自然失业率也是存在的。经济增长速度的加快和就业需求总量的扩大，只会缓和就业压力而不会消灭就业竞争。当经济的产出水平超过其潜在产出水平时，通货膨胀的力度会不断增大。政府为抑制通货膨胀，通常会紧缩货币和提高利率以便抑制消费和经济的过快增长。这又将引发更激烈的就业竞争。因此，在市场经济条件下，就业需求总量的变动不会改变就业竞争的性质，从而也就不会使教育的发展缺乏就业竞争的激励。

就业需求的变动还同经济结构的变化相联系。由于现代经济的技术基础具有革命性，它会不断引起经济结构的变化，从而引起职业的变动，使就业需求发生结构性变化，因此，经济结构的变化通常会导致结构性失业的增加，从而加剧就业竞争，并推动教育的发展。

必须指出，市场经济条件下的就业需求，是市场机制作用的结果，它依托就业市场并通过就业竞争作用于教育，因而它对教育发展的推动作用是自发的、客观的。而计划经济条件下的就业需求，则是计划机制作用的结果，它借助计划作用于教育，因而，它对教育发展的推动作用是人为的、主观的。市场就业需求的满足是通过市场机制来实现的，其中包含着就业竞争，而就业竞争必然引起学业竞争，并通过教育服务价格机制来启动学校之间的竞争。学业竞争关系和学校之间竞争关系的展开过程也就是教育资源的配置过程。因此，市场就业需求对教育发展的推动作用，具有调动个人教育投资积极性，增强教育内部活力，合理配置教育资源，提高办学效益和办学质量的效果。其不足之处在于容易导致教育过剩和教育运行的不稳定。计划就业需求的满足是通过计划机制来实现的，它不利于就业竞争和学业竞争的形成，与之相适应的计划办学也使得学校之间的竞争极度缺乏，因而它对教育的推动作用，在于防止教育过剩和教育运行不稳定，但却难以发挥市场就业需求对教育发展所产生的积极作用。

就学生开发自身潜能需要而言，人的潜能是指人的身心发展过程中潜在的尚未显现出来的智力和体力的总和，又称人的潜力。它可以分为智慧潜能和体格潜能，前者是智育心理学研究的对象，后者是体育心理学研究的对象。苏联科学家杜比宁院士认为，大脑是由十四万亿个神经细胞所组成。如果我们进一步考虑，每一个细胞与其他细胞有五千种联系，并以各种各样的内部细胞状态存在，那么这种细胞的潜数量和自由程度就无法估算了。由此我们可以得出这样的结论：任何人不管是天才还是普通人，在他们一生中，只使用了不超过大脑十万分之一的智力。由此可见，人的潜能是极为丰富的，具有广泛开发的可能性。

高校学生开发自己潜能，关键在于掌握和运用创新心理发展规律，提高自己创新心理素质，促进自己创新才能、创新精神和创新个性的完善和优化。创新才能是指个体完成创新活动所必备的技巧和能力的总和。它主要体现在创造性的认识和实践活动中，并在创新活动中得到提高。在认知活动中，创新才能主要表现为敏锐的观察、创造性的想象和求异的思维。

观察是人们认识和发现新事物的心理过程。敏锐的观察是引发创新灵感的重要途径。敏锐的观察能发现常人不易发现的重大问题，能关注常人极易疏忽的重要细节，能抓住常人难以捕捉的独特现象，能找出常人不易留心的本质特征。观察的敏锐性不是视网膜结构的特殊性和视觉的高度感受性使然，而是正确的理论和科学的态度所致。理论功底的深厚性，认识态度的客观性、科学性是敏锐观察的内在导因和心理基因。

想象是人们对头脑中已有表象进行加工改造成新形象的心理过程。而创造性的想象则是创新的智慧眼。想象的创造性决定了思维的深度和广度，而在社会实践活动中积累构成新形象的知识的数量和质量，知识间融会贯通的熟练程度，以及各知识要素间新组合的真实性和客观性，是衡量思维深度和广度的重要尺度。没有想象力的灵魂，是缺乏自我深化动机的灵魂，没有创造性想象的灵魂则是缺乏创新动机的灵魂。

思维是人们对客观事物的概括和间接的反映过程，而求异思维则是富于创新的人类所特有的高级心理活动。创新，从思维的特质上看，是用新的内容建构和逻辑定格取代旧的内容建构和逻辑定格的认识方式。求异思维具有突破旧的内容建构和逻辑定格的内在活力。没有求异思维的支持，创新是难以实现的。求异导致怀疑，怀疑导致批判，批判导致创新。

敏锐的观察为创造性想象和求异思维捕捉形成新形象、提出新假说、揭示事物发展变动新规律的材料，是创新才能之眼；创造性想象把敏锐的观察和求异思维带入浩瀚的未知世界，使其自我深化，是创新才能之魂；求异思维赋予敏锐的观察和创造性想象以理论根基，使观察发挥去粗取精、去伪存真之妙用，使想象彰显由此及彼、由表及里之精髓。

创新精神是指个体或集体在创新活动中所具有的积极的情感、坚强的意志和积极的兼容并收的科学态度的总和，它是创新的力量源泉。一个拥有创新精神的人，便有了生命不息、奋斗不止、不断追求、事半功倍和自我深化的激励源；一个拥有创新精神的企业，便有了随机应变的理性火花；一个拥有创新精神的国家，便有了走向兴旺发达的不竭激励。

情感是个体对周围事物是否符合自己需要而产生的体验。积极的情感，特别是高级的社会情感，具有激发创新热情、维系创新动能和强化创新活力的重要作用。高级的社会情感主要有爱国主义情感、正义感、义务感、责任感、美感、道德感，缺乏积极情感的支持、激励和推动的创新，是难以想象的。

意志是人们自觉地明确自己行为的目的以及为实现这一目的而对自己行动加以支配调节、控制的心理过程。坚强的意志是创新活动所必备的心理品质和精神支柱。意志的坚强性主要表现为行动目的的明确性、坚持性和克服困难的顽强性、果断性和自制性。创新是解决前人没有解决的问题，是做前人没有做过的事，是走前人没有走过的路，其历程充满困难、障碍和风险。因此，在创新活动中，要坚持前进的方向不动摇，要克服前进道路上的各种困难而百折不挠地走下去，没有坚强的意志是难以到达目的地的。坚强的意志根植于理智和情感之中，并在克服困难的实践中得到锻炼和强化。

态度是指个体对事物所持有的一种稳定的内在的反应倾向。积极的兼容并收的科学态度主要表现为对科学的热爱，对创新的执着，对工作的一丝不苟，对新思想新变化的欢迎，对不同观点不同理念的宽容，对风险的直面，对挫折和失败的容忍等。它是创新精神的具体体现，在创新中发挥着重要的作用。

积极的情感，可以强化意志和态度并使其具有稳定性、持久性，又可以体现创新精神应有的柔性和活性；坚强的意志，使情感做到收放有致、挥洒自如，使态度变得深沉稳定、深藏不露，因而可以体现创新精神应有的刚性和耐性；积极的兼容并收的态度，使情感和意志变得更加理智，可以体现创新精神应有的理性和悟性。

个性是指个体在活动中表现出来的独特的激励特征的总和。创新个性主要反映创新心理的倾向性，如创新的动机、兴趣、理想、信念和价值观等；创新心理的平衡性，如创新的动机与目的之间的平衡，创新的个人兴趣与社会需要之间的平衡，创新的理想与现实之间的平衡，创新的信念与事实之间的平衡，创新的经济价值与社会价值之间的平衡等；以及创新心理的灵活性，如创新才能的应变性，创新精神的能动性等。

二、关于教工的工作激励

高校教工在社会上生存和发展，同学生一样，也必须适应社会，并接受社会机制的制约和调节。教工适应和改造社会所产生的需要，主要有育人成才需要、科研成就需要、社会尊重需要和为人师表需要。

就育人成才需要而言，育人是教师的职责所在。育人必须成才，这是每个教师的愿望。这种愿望是教师心中对自身职责的积极承担，对实现工作目标的积极承诺。这种心理状态就是教师的育人成才需要。目标设置理论认为，为达到目标而工作的愿望与自我效能感亦即对自己完成任务的信念相联系，自我效能感越强，完成任务的自信心就越足，并随着积极反馈而增强。这意味着，育人成才需要，在很大程度上取决于教师育人的自我效能感。教师对完成育人任务越充满信心,他的育人成才需要就会越强烈。教师完成育人任务越出色,就越能激发他的育人自我效能感,就越能提高他的育人成才需要水平。重要的在于如何为教师出色完成育人任务创造有利条件。这种条件包括为育人提供良好的服务、为育人营造良好的社会氛围、为育人制定正确的方针和政策、帮助教师树立正确的育人观。其中,坚持育人为本,是帮助教师树立正确的育人观的工作方针。

就科研成就需要而言,高校教师的工作任务,除育人以外,就是从事科学研究。高校对科研的制度安排,在很大程度上激发了教师从事科研的积极性,这种积极性的背后是科研成就需要的动机支持。对自然和社会如此纷繁复杂的现象和变化,抱有好奇心,并力图揭示这些现象的本质和变化的规律,为改善人类生存状况和福利而奋斗,这是教师开展科研的真正目的。为达到这一目的而进行科研的愿望,构成了教师从事科研的内在激励。当然,没有对科研的制度性安排,就难以强化教师的科研成就需要。如把科研成果与职称直接联系起来,开展优秀科研成果的评比,奖励优秀科研成果等,都是强化教师的科研成就需要的制度性安排。

就社会尊重需要而言,在马斯洛需要层次理论中,尊重需要是人的高级需要。对教师而言,这种尊重需要不仅发生在人与人之间,教师与学生之间,而且发生在教师与社会之间。因为,整个社会对教师的尊重,是学生、家长乃至其他所有社会成员对教师产生尊重感的基础性条件。教师在学生面前保持必要的权威性,使学生相信教师的话代表真理、代表事实、代表正义、代表有用的信息,使教师在学生心目中成为真理的卫士和真理的传播者。这是教师对学生实施有效教育的必要条件。所以,教师通常具有强烈的社会尊重需要。社会应该做出制度性安排,不断强化教师的社会尊重需要。

就为人师表需要而言,无论是高校,还是初等学校或中等学校,教师总是充当着学生领路人和榜样的角色。教师每当听到一声"老师好"的问候,就会感受到这种角色。面对学生的仰视、家长的托付、社会的期待,这种角色在教师心中一次一次地得到加强,最终必将定格为一种需要,即为人师表的需要。这种需要构成了教师工作最基本的道义力量。

每个人面对自己的职业生涯,都会做出选择。每个职业都有其特定的行为规范。职业选择本身包含对特定行为规范的选择，职业生涯本身也包含着特定行为规范的内化过程。为人师表是教师职业特有的行为规范。一个人选择当教师，就必然面对为人师表这一行为规范的选择，就必然面对将为人师表这一行为规范内化为他的一种需要的选择。

为人师表行为规范向为人师表需要的转化，从教师生涯选择就开始了，但是其转化效果和程度则受制于多种因素，其中最重要的外部条件之一是良好的从业环境，最重要的内部条件之一是高尚的职业理想和开朗、灵活、真诚的个性。

教师的良好从业环境主要是指尊师重道的社会氛围、相对优越的工资和福利待遇、相对优美的工作环境、人性化的管理制度等。为人师表行为规范不是某个人意志的反映，而是尊师重道的社会氛围的必然产物。这意味着，满足教师的社会尊重需要，是促进为人师表行为规范向为人师表需要转化的条件。在这样的氛围中，为人师表行为规范与尊师重道之间存在着一种必然联系，任何人都必须适应这种联系。这种联系使教师产生对为人师表行为规范的敬畏感和社会责任感，为人师表行为规范向为人师表需要的转化，就会随着这种敬畏感和社会责任感的增强而在教师的心中默默地进行着。维持和强化教师对为人师表行为规范的敬畏感和社会责任感，仅仅依靠尊师重道的社会氛围是不够的。如果教师因工资、福利待遇过低而经常处于食不甘味的生活状态，因工作环境恶劣而经常处于单调、乏味和易于产生疲劳感的工作状态，因机械式管理制度而经常处于高度紧张高度压抑的心理状态，那么，这种生活状态、工作状态和心理状态，就会使教师在为人师表行为规范与尊师重道之间形成一种心理落差，这种落差会在一定程度上消减教师对为人师表行为规范的敬畏感和社会责任感，对为人师表行为规范向为人师表需要的转化效果和程度产生不利影响。因此，尊师重道的社会氛围、相对优越的工资和福利待遇、相对优美的工作环境、人性化的管理制度，是提高为人师表行为规范向为人师表需要的转化效果和程度的重要条件。

教师的高尚职业理想是指这样一些职业理想，即以教师职业的神圣使命为荣、以教师职业的社会责任为志、以教师职业的爱心奉献为怀。世界的未来、国家的未来、民族的未来，系于年轻一代；年轻一代的未来，系于教育；教育的未来，系于教师。教师职业肩负着神圣而光荣的历史使命。教育是代与代之间沟通的桥梁，是人认识和改造社会的基石，是社会乃至每个家庭憧憬美好未来的希望。教师是建设这座桥梁的设计师,是打造基石的工程师,是实现学生理想的领路人。教师承担着重大的社会责任。教育为年轻一代健康成长创造条件,其中最重要的条件是教师对学生那如同父母、胜似父母的爱心,这种爱心是教育成功的不二法则。教师职业是怀揣爱心奉献精神的职业。当然,对这些职业理想的追求,与教师的育人成才需要和科研成就需要有密切联系,从这个意义上讲,满足教师的育人成才需要和科研成就需要,是促进为人师表行为规范向为人师表需要转化的条件。

三、关于高校办学激励

高校中学生学习激励和教工工作激励,是办学激励的微观基础。但是,高校办学激励仅从微观基础上来加以说明是不够的,还要从宏观上来加以说明,即从高校整体上加以说明。从组织行为意义上看,高校办学激励,主要来自高校改革需要和发展需要。

首先,深化办学体制改革的需要,会激发高校对办学决策结构、办学信息结构、办学激励结构和办学质量保障结构进行调整。现行的以中央政府宏观决策为主导、以地方各级政府分层决策为响应、以学校自主微观决策为基础的办学决策结构,正经受着经济体制转型和社会转型的严峻考验。经济体制转型所带来的经济决策调整,是宏观经济决策与微观经济决策的分离,是宏观经济决策的集中化趋势和微观经济决策的分散化趋势,是宏观经济决策与微观经济决策衔接方式由行政向市场的转变。这使得微观经济决策与微观办学决策二者之间是否相适应,必须由市场说了算。学校自主微观决策市场基础的强化和行政基础的弱化,也就是不可避免的,由此产生了对中央政府办学宏观决策的主导性、各级政府办学分层决策的响应性,以及学校自主办学微观决策对办学宏观决策和办学分层决策的依赖性的全面冲击,现行办学决策结构的调整也就不可避免了。这种调整首先是从中央向下放权和扩大学校办学自主权开始的,随后又向转变政府职能延伸。与之相适应的是办学信息结构、办学激励结构和办学质量保障结构全面而深刻的调整,它们最明显的区别是:学校主动面向社会收集教育需求信息,办学激励明显来自教育资源的自我开发,办学质量评价日益依托社会。

其次,深化管理体制改革的需要,会激发高校在向下放权受制于统筹、权责清晰受制于合作、政府职能转变受制于学校自律机制健全等深层次问题的解决,上实现突破。中央充分认识到向下放权的重要性,并采取了一系列放权行动。然而,教育的外部性、公益性和战略性,使得资源在教育中配置的市场失灵比资源在经济中配置的市场失灵来得更隐蔽更广泛。一个企业减排对所在地自然环境的优化在当地所产生的积极反响,可能远远大于新建一所大学对所在地人文环境的优化在当地所产生的积极反响。人性堕落所引发的盗窃动机,远比生活资料缺乏所引发的盗窃动机来得持久。为方便出行而进行修桥集资,可能远比为方便入学而进行建校集资来得容易。中央下放的教育管理权越多,市场在教育中配置资源的范围就越广,资源在教育中配置的市场失灵的机遇就会越多,资源在教育中配置的统筹要求就越强烈,反过来又对向下放权产生制约作用。中央致力于权责清晰的努力是毋庸置疑的,《高等教育法》给高校办学的自主权以详细规定就是很好的证明。然而,教育的规模如此之大,以至于一所学校招生人数的增减不会对其他学校构成多大的影响;教育的社会化程度也如此之高,以至于没有哪一所学校的自主行为能影响教育整体运行。现代教育毕竟是集团活动,合作是现代教育管理的规律之一。教育权责的清晰并不一定促成有效的教育合作,它也许使你唯恐侵犯了别人的权利而在教育合作的中间地带徘徊踌躇。政府职能转变是我国管理体制的一场深刻革命。适应市场经济体制而构建起来的企事业单位法人制度和自律机制为这场革命奠定了微观制度基础。这场革命的序幕一旦拉开,其胜利的天平就向企事业单位自律机制健全方面倾斜。令人担心的是,学校特别是高校现有的自律机制,仍然显得软弱无力,以至于对违法违纪和腐败行为缺乏足够的威慑力。学校办学自律机制的低水平运行,将对转变政府职能的微观制度基础构成威胁。如若学校办学自律能力不能随着政府职能转变而增强,少数人利用办学来谋取个人私利的现象就会蔓延开来,政府就被迫加强对学校的直接干预,政府职能转变的历史进程就会受到干扰。学校自律机制的健全对于政府职能转变的基础性意义,是至关重要的。

再次,深化考试招生制度改革的需要,会激发高校致力于解决取消考试招生代价评估和学校自主选拔性招生规范等重大难题。考试最初只是作为评价学生学习效果的手段之一,后来才作为选拔性招生的手段。资源特别是高级专门人才的稀缺性,使得个人接受教育具有投资价值。随着政府和社会对教育资助力度的加大，个人接受教育的投资价值大幅上升，升学竞争渐渐演变成学生之间获得政府和社会教育资源的竞争，选拔性招生考试在向学生相对公平地分配政府和社会教育资源中的功能，也就日益显露出来。在我国，中考和高考一度被人们视为"千军万马过独木桥"，因为这座桥的对面存放着可供学生获取的政府和社会提供的教育资源。尽管中考和高考"指挥棒"功能在初等和中等教育中助长了所谓"应试教育"倾向，但是，目前还找不到比考试招生更好的方式来向学生相对公平地分配政府和社会教育资源。取消考试招生的代价，取决于"应试教育"的社会伤害程度与不公平分配政府和社会教育资源的社会伤害程度之间的比较性评估，而这种评估是相当困难的。在小范围内进行取消考试招生的实验，并以此为依据进行这种比较性评估，也许是唯一可行的办法。即使取消各省统一的考试招生，学校自主选拔性招生也面临要不要考试的问题，也面临用什么方式来向学生相对公平地分配政府和社会教育资源的问题。无论学校自主选拔性招生采用何种方式，都面临学校自主选拔性招生的规范问题。这个问题的解决因招生涉及面广而具有极大的挑战性和风险性。

最后，以拔尖创新人才多样化培养机制构建为重点的人才培养体制改革，将激发高校着力解决优质教育资源共享、遵守现有教材规范、课程规范、班级授课制规范和人才选拔规范等大众化培养机制，对拔尖创新人才多样化培养机制的冲击问题。构建多样化培养选拔机制，是符合拔尖创新人才成长规律的一种趋势，这个规律就是学生浓厚的学习兴趣、特有的智慧潜力、特殊个性和勤奋学习的有机结合。多样化培养选拔机制坚持因材备教、因材施教、因材评教的有机结合，不拘一格地选拔、培养、升级、升学和激励。这样的机制使得少数"拔尖创新人才培养候选者"享有更多优质教育资源成为可能，使得现有教材规范、课程规范、班级授课制规范、人才选拔规范——被打破。然而，坚持优质教育资源共享，遵守现有教育工作规范，是大众化培养机制的普遍原则，它必然会冲击多样化培养选拔机制。如何在大众化培养机制中找到构建拔尖创新人才多样化培养机制的突破口，是摆在教育改革面前的重大难题。

就发展需要而言，高校发展是指建立在公平和效率基础上的所有高校办学活动积极变化的总和。高校发展需要主要包括办学公平和效率需要、开放需要和创新需要。

我国高校办学之所以会产生公平和效率需要，在于高校办学公平是社会公平的基础性内容，增进高校办学公平是社会主义高等教育的基本价值取向，而高校办学效率是社会资源配置效率的组成部分，增进高校办学效率是稀缺资源配置的必然要求。丧失办学公平和效率，高校发展就难以持续。高校办学公平和效率需要，必须不断得到强化，才能为高校持续发展提供不竭激励。

第四节　高校管理的资源配置结构

高校管理的资源配置结构是高校管理机制的功能结构性的基本构成要素。高校管理的资源配置结构，是指高校管理的资源配置规则和行动及二者之间的制度化关系。

一、高校资源配置及其合理性的衡量

什么是高校资源，翻遍现有的大型工具书，也未能找到相关的词条和解释，要明确高校资源的含义，首先要明白资源的含义。"资源"一词，根据《现代汉语词典》解释，是"生产资料或生活资料的天然来源"；《辞海》解释为：资产的来源，泛指社会财富的源泉。其一般概念定义为人类从事各种活动，谋求自身发展的基础。资源是相对主体而言的，一般指天然的财源。经济学把资源主要看作在一定的技术经济条件下，自然界中可被人类用于生产和生活的一切物质；从社会生态学的范畴看，它被定义为人类或非人类有用或有价值的所有组合的集合，包括自然资源、人力资源、信息资源、时空资源和制度资源，从形态上划分，其中自然资源属于硬资源，其他称为软资源或社会资源，这是资源的泛化。在诸多资源中，人力、物力、财力、时间、空间、信息等资源对管理者来说最重要。在市场经济条件下，高校资源的形成不完全是通过计划来实现的，市场也是实现高校资源配置的重要方式。

高校自身配置资源，是高校管理机制中的资源配置的微观层面，可称之为高校管理机制中的资源的微观配置。从来源上看，高校资金在很大程度上是政府提供的，但又不能把学校利润机制简单等同于企业利润机制，因为学校不是营利性

机构。另一方面，又可能使得学校的资源配置目标与政府的高校管理机制中的资源配置目标出现某种不一致。由于高校管理机制中的资源的学校配置目标与政府配置目标不完全相同，高校管理机制中的资源微观配置的合理性标志或学校标志与宏观标志或政府标志之间不可能完全实现统一。那么，如何衡量高校管理机制中的资源微观配置和宏观配置的合理性呢？

高校资源微观配置的合理性，可以用边际高等教育产出率来衡量。边际高等教育产出率，是指边际高等教育产出与边际高等教育投入之比。高等教育产出既可以是按时间计算的高等教育服务，也可以是按人数计算的学校的毕业生或熟练劳动力。高校要实现高等教育服务或熟练劳动力的生产和再生产，必须进行资源投入。无论高校生产出来的是何种形态的产品，都不是一种资源投入的结果，而是多种资源投入的结果。假定其他高校资源的投入量不变，只增加某一种高校资源的投入量，那么由此引起的高等教育产出量的增加，通常就称为边际高等教育产出。能产生边际产出的某一单位高校资源投入，就称为边际高校资源投入。在其他高校资源不变的条件下，增加某一单位高校资源投入所带来的追加产出量，就称为边际单位高等教育产出。一般说来，高等教育发展水平、社会生活水平和高等教育技术一定，各高校的教育产品的产出率的平均数，即高校资源配置的社会平均产出率也是一定的。某一高校资源配置的产出率可以高于或低于社会平均产出率，但不偏离社会平均产出率过远，否则就说明该校的资源配置不合理。

高校资源的政府合理配置，可以用国家指导性高等教育发展计划的实现率作为标志。国家指导性高等教育发展计划，通常是依据国家一定时期经济和社会发展目标的要求制订的，也就是说是在对实现一定时期经济和社会发展目标所需补充的人才的数量和结构的科学预测的基础上制订的，体现了高等教育服务或人才的供求在总量和结构上的平衡，因而具有较高的合理性和较强的可行性。当然，这种计划的合理性和可行性在很大程度上取决于国家一定时期的经济和社会发展目标是否具有合理性和可行性，取决于对人才需求预测的准确性。一般说来，国家经济和社会发展的目标是根据需要与可能在对现有资源状况和发展潜力进行详尽分析的基础上，经政府各决策部门反复协商、多方专家学者反复论证和国家最高决策机关讨论、修改、表决、通过以后才决定的，应该说有很高的合理性。假定经济和社会发展目标是合理的，那么，依据各产业部门计划期内可以实现的产值，来对各产业部门现期的产值、人才数量和结构以及技术进步对就业结构的影响等方面进行分析，不难找到各产业部门所需补充的，人才的比率，再利用这个比率预算出各类人才的数量，便可得到一定时期的人才需求结构和总量。假定按这种人才需求结构和总量确定的各类人才培养的数量与高校资源的有效供给相一致，那么，一定时期教育部门所要达到的大学生人数和高校资源的需求量，就构成了一个与经济和社会发展目标相一致的指导性教育发展计划。既然这一计划反映了经济和社会发展目标的要求，那么它就应该是合理的。

当然，如果政府制订的国家指导性高等教育发展计划不合理，那么，高校资源的政府配置也就不可能实现合理化，因为政府总是按照自己制订的并认为合理的计划来调控高校资源配置。只要高校资源的配置有政府的参与和调控，就一定有政府实现这种调控的计划和目标，这种计划和目标就可理解为国家指导性高等教育发展的计划和目标。必须承认，由于人们对客观事物的认识存在某种局限性，国家指导性高等教育发展计划的制订不可能做到尽善尽美，但不能以此否定这一计划的合理性，不能将此作为否定这一计划作为高校资源政府合理配置标志的依据。

二、高校资源配置体制的结构性分类

高校资源配置体制可以依据政府和市场在高校资源配置中的地位不同而进行结构性分类。在对高校资源配置中，政府是一只"看得见的手"，市场是一只"看不见的手"，然而，对于社会团体或企业的资金支持以及个人、外国和世界组织的资金支持，也应加以重视。由于政府和市场是调节高校资源配置的主要方式，因此，高校资源配置体制的结构性类型就可以分为以下三种。

第一种，市场主导型高校资源配置体制。市场主导型高校资源配置体制具有以下几个关键特征：(1)高校资源配置决策权分散在国家、社会团体或企业、学校、家庭和个人手中，高校资源配置决策权的行使在很大程度上取决于高校资源配置决策的性质；(2)高校发展服从于较广泛的高校资源配置目标函数；(3)高校资源配置信息的横向流动是对较为普遍的高校资源配置决策有重要影响的信息传递方式；(4)高校资源配置者可以获得有关选择行动的一系列变化信息；(5)

对高校教师和学生的激励主要取决于多种激励手段及其激励强度；（6）激励通常是与市场评价相联系的。

第二种，政府主导型高校资源配置体制。政府主导型高校资源配置体制具有这样几个关键特征：（1）关于办什么样的高校、办多大规模的高校、如何办高校、为谁办高校的决策，是由政府做出的；（2）政府对高校发展所要达到的目标有一个明确的计划函数；（3）高校资源配置信息主要是通过政府上下级之间的沟通渠道来传递的；（4）通过建立政府下级对上级的依赖关系来确保教育运行信息纵向传递的畅通；（5）在行政架构内实现对高校教师和学生的激励；（6）对高校教师和学生的激励的标准在于成功地完成政府高等教育发展计划规定的任务。

第三种，政府与市场互动型高校资源配置体制。政府与市场互动型高校资源配置体制的关键特征是：（1）高校资源配置决策权在国家、社会团体或企业、学校、家庭或个人之间的分配，是通过政府与市场的互动来实现，这种互动表现为政府运用政策引导市场，市场引导高等教育服务需求，政府在高等教育服务需求的变动与高等教育发展目标结合上选择引导市场的高校资源配置政策；（2）高校发展服从于较广泛的高校资源配置目标函数与高等教育服务需求的一致性；（3）高校资源配置信息的纵向传递和横向传递对政府的宏观高校资源配置决策和学校、家庭或个人的微观高校资源配置决策都具有重要意义；（4）高校资源配置信息的纵向流动是以横向流动为源头的，纵向传递不受等级结构的限制；（5）对高校教师和学生的激励由多种激励手段、激励强度和行政权力的共同作用完成。

市场主导型高校资源配置体制的优点是：它有利于维护受教育者选择高等教育服务的权益和自由，有利于较灵活地适应社会对人才需求的变化，有利于避免集中决策可能出现的重大失误，有利于加强教育与经济之间的联系，激发教育创新和改革，提高高校资源配置信息传递的效率和质量。

市场主导型高校资源配置体制也有缺陷。在竞争条件下，高等教育服务市场具有明显的效率特征，高等教育服务的市场竞争并不是万能的。高校资源配置竞争并不能保证高校运行走向理想的彼岸，并不能保证竞争游戏规则不受破坏，并不能预见高校发展的未来。高等教育服务竞争有自身的局限性，它并不一定使各种资源合理利用。在教育的运行过程中，"看不见的手"并不是永不言败的。教育服务市场不能导致各种高校资源的有效合理利用。这就是所谓的高等教育服务市场失灵，这种市场失灵有两种主要表现形式——高等教育机会不均和高校垄断。

高等教育服务的自由竞争，在某种情况下使高等教育服务的社会边际成本逐渐逼近高等教育服务的社会最低平均成本，并在市场均衡点上使高等教育服务的效用达到最大化，使高校运行处在任何一个办学者和求学者都不能在不使其他人情况变坏的条件下使自己的情况变好，从而使一些资源配置对高等教育服务产生了最大程度的满足。但是，高等教育服务的自由竞争所导致的这种最大程度地满足不是大多数人的最大满足，而是部分人的最大满足，它是指高校资源配置可以达到的最大可能性，而不是指高校资源配置可以达到的最大公平性和平等性。

政府主导型高校资源配置体制的优点是：它有利于政府集中力量实现既定的高校发展目标，根据需求来尽可能快地调整高等教育结构，较好地引导高校发展，迈向高等教育发展战略目标，较顺利地实现高等教育外部经济的内在化，从整个高等教育领域内提取优质信息，把高等教育资源引导到最重要的高等教育领域，实现人才培养目标的规范化、标准化。

但是，政府主导型高校资源配置体制也有缺陷。在高等教育服务市场上，政府对高等教育服务市场价格和数量的影响是通过高等教育的供给和需求来实现的，政府可以通过高等教育经费预算、政府学费保障机制等宏观高等教育政策手段来干预高等教育服务市场，调控高等教育供求，引导高校运行，但是，政府的干预过多过细，就可能导致高校运行缺乏效率，阻碍高校发展。

政府与市场互动型高校资源配置体制的优点是：它有利于在尊重受教育者选择高等教育服务权益和自由的同时，引导高等教育发展朝着政府预期的目标前进，把高等教育结构与高等教育外部经济的内在化更紧密地结合在一起，提高高等教育适应社会变化的效率和质量，最大限度地避免集中决策所造成的重大失误，克服分散决策所造成的短期行为，促进高等教育与经济社会的协调发展。

一般说来，高等教育总量供求市场调节的积极作用在于：（1）分散、自主、风险自担的微观高等教育决策结构使办学者和求学者对高等教育供求、劳动力供求、教育价格、工资、专业结构和职业结构等的变动做出积极、灵敏、有效的反应，自发地促使高等教育总量供求趋向均衡，防止和避免高等教育总量供给走向过度扩张或过度收缩，从而有利于促进高等教育资源配置的合理化。（2）以个人利益为基础、竞争为导向和社会利益为准则的高校动力结构使办学者和求学者积极、主动和创造性地参与高校运行，从而有利于提高高校资源配置效率。（3）以高等教育价格、工资和就业为信号的以办学者、求学者和业主之间横向沟通为特征的高校信息结构，使办学者和求学者能较快较多地获得各种有效信息，以便优化高校决策和强化高校动力，从而有利于高校资源的合理配置。（4）以竞争意识、创新意识、质量意识、效益意识、开放意识和法律意识为特点的高校资源配置观念，使办学者和求学者勇于摆脱束缚、把握机遇、直面挑战、开拓进取，从而有利于提高高等教育质量。以上说明，高校运行的市场调节是高等教育总量供求均衡实现的一个体制性条件。

三、高校管理的资源配置计划机制

尽管我国高校资源配置实行单一市场机制是过去的事，但是在现阶段，我国高校资源配置的计划机制仍然在发挥作用，对其进行探讨仍然是必要的。

要理解高校资源配置计划机制的含义，我们首先要理解高校资源配置的含义。高校资源是指高校用于维持教育活动正常运行和不断发展的一切资源，它包括高校所具有的人力、财力、物力和各种无形资源。资源配置源于资源的稀缺性，目的是解决资源稀缺性与需求无限性的矛盾。高校资源同样具有稀缺性，也就存在如何合理配置和充分利用的问题。高校为了使其所具有的资源得到合理利用，必然要采用一定的方法，把这些资源分配到各个部门。那么，高校对其所具有的各种资源在各种不同使用方向上的分配，就叫做高校资源配置。

知道了高校资源配置方式的含义，我们再来看高校资源配置计划方式的含义。高校资源配置计划是这样进行的，学校根据各个部门和学科的粗略统计，对其当前或今后一个时期的教育现状和发展水平进行主观评估，由此制订相应的配置方案，并以命令的方式传达给下属部门和学科，最后由各个部门和学科不折不扣地执行。这种资源配置方式就是高校资源配置计划方式。

综上所述，高校资源配置计划机制可以这样定义：高校在计划配置过程中，学校各个组成要素之间相互作用、相互影响，产生综合作用的有机结构和运作方式。

当前我国高校资源配置方式采用的是以计划配置为主、市场配置为辅的资源配置模式。在社会主义市场经济体制下，我们为什么还要采用高校计划配置方式来调节高校资源配置，从理论上来说，原因有以下几点。

第一，高校资源的稀缺性。由于我国还处于社会主义初级阶段，生产力比较落后，经济不发达。同时，我国政府对教育的投资占财政支出的比例偏低，而且近几年，我国对高等教育的投入占对教育的总投入比例又不断下降，我国政府不能为高校的发展提供充足的资源，这决定了我国高校资源的稀缺性。高校资源的稀缺性决定了我国对高校资源必须采用计划配置，使高校内部各部门和各学科都能获得相应的资源，以保证高校各部门和各学科的发展。

第二，教育的公平性。西方经济学家认为，效率不是评判社会资源配置状况的唯一标准，公平因素也是资源配置过程中应考虑的一个很重要的方面。面对知识经济时代的来临，作为发展中国家，教育必须先行；同时高等教育对经济和社会有巨大的公益性，所以政府应该在高等教育上继续以计划的方式投入大量的人力、物力和财力。而高校教育的公益性，也决定了高校教育的公平性。高校资源分配越不平衡，受教育机会就越不公平。要实现高校资源配置平衡，必须坚持国家对高校资源配置的宏观调控。作为一个发展中国家，政府在高校的资源配置方面发挥着不可替代的作用，它要综合运用计划和市场两种手段。

采用高校资源计划配置方式，在实践中是由以下因素决定的。

第一，高校资源计划配置能够从社会收益出发配置资源。高等教育的发展不仅是社会经济发展的重要源泉和基础，也是社会政治、文化进步的前提。高等教育的发展为社会带来巨大的经济、政治及文化利益。这些利益具有较高的社会效益，但对个人来讲则可能不那么重要，或者说并不能给个人带来较高的收益或满足。如果任由市场价格机制进行供需调节，将会产生供给不足。政府应依据高等教育带来的社会收益的大小进行投资，以弥补市场投资的不足。

第二，高校资源计划配置能兼顾学校各部门的利益。资源在配置过程中，倾向于往高效率、高收益的部门流动，那些低效率、低收益的部门则只能得到很少或者不能得到资源，这样会产生两极分化的现象，那些低效率、低收益部门的利益得不到保障。在高校中，一些行政权力较小的部门和一些基础性学科就属于这种低效率、低收益的部门，它们的利益常常得不到保证，但是它们是高校发展中不可缺少的组成部分，基础性学科还是其他学科发展的保证，为了保证高校的可持续发展，必须保证这些低效率、低收益部门发展所必需的资源。

第三，高校资源计划配置能对贫困学生提供资助。高等教育不仅具有培养人才的功能，而且具有选拔人才的功能。一些有才华的青年，个人虽然有能力接受高等教育，但因家庭经济困难，不能支付高等教育市场出现的价格。为实现教育公平，高校应建立一定的资助制度，依照个人家庭经济能力的差异，设立不同的条件，解决个人的经济困难，使贫困学生不致因贫困而影响入学。

虽然高校资源配置计划机制有着很多优点，但是，不可否认的是高校资源计划配置也有缺陷，具体表现如下。

第一，采用高校资源配置计划机制，更加容易使得教育的投资严重不足。政府为教育投资多大的规模主要是取决于政府有多强的财政支付能力。当前，世界上很多国家的高等教育在财政投资方面都是比较紧张的，投资的规模也不能满足个人对高等教育的需求，之所以造成这种境况，主要是因为两个方面，一个是公共收入不足，另一个是入学压力也在不断增加。也就是越来越多的人有了高等教育的需求，但是公共的财政却不足以应付这种需求的增长，因为还有很多其他方面的社会开支需要财政支持，没有多余的资金放在教育上了。所以，如果采用教育的资源配置计划机制，必然会因为政府财政支持的不足让高校面临经费的短缺。

第二，学校集中管理资源的分配和运用，往往缺乏应有的灵活性，难以适应个人和社会对高等教育发展的需要。高等教育的需求十分复杂，难以确定，且影响高校资源配置的因素又很难掌握和预测。受现实社会经济活动的复杂性及信息获得不充分等因素的制约，高校集中配置资源往往会引起高校的发展与实际需要相脱离。我国目前高等教育的专业设置与劳动力市场需求脱节，其原因就在于此。

第三，高校资源计划配置也存在低效率问题。高等教育投资与一般的项目投资不同。一般的项目投资的效率可以通过项目周期内的投资收益进行准确评估。高等教育投资收益具有多样性、间接性和长期性，其投资效率难以测定和考核。而政府用于高等教育的投入又是主要依靠行政手段无偿征收的国民收入，这使政府对高等教育投资的安排缺乏强有力的预算约束，同时又难以进行监督控制，从而使政府不会像个人和企业那样主动追求高等教育投资的效率和效果。同时，政府包投资和低收费标准，一方面不利于激发学生的学习热情，会在一定程度上影响或抑制教育质量和教育效益的提高；另一方面政府无偿拨款给各高等院校，在目前高等教育投资缺乏必要的、可靠的考核依据和标准的情况下，难免存在盲目、随意、低效率分配教育投资的倾向和缺陷，同时也会使各高校只重视争取投资而不重视投资效率。

四、高校管理的资源配置市场机制

在我国社会主义市场经济条件下，高等教育事业作为第三产业而与其他产业之间的劳动交换，无疑是实现高等教育事业自身生存和发展的重要手段。而这种劳动交换不可能按商品形式来进行，不可能没有市场机制的作用。高校资源及其配置，在某种意义上是在高校与其他产业部门之间的劳动交换过程中实现的。既然市场机制会在各产业之间交换劳动的过程中发挥作用，那么它也必然会在高校资源配置中发挥作用。因此，要实现高校资源的合理配置，需要对高校资源的市场配置机制进行考察，以便正确认识和评价市场机制在高校资源合理配置过程中的地位和作用。

在计划经济体制下，我国高校资源配置完全采用计划配置方式。但是，在社会主义市场经济体制下，外部的激烈竞争必然要求高校资源实现最优配置。高校资源配置计划机制本身存在的一些缺陷，决定其不能单独实现高校资源的最优配置，必须有与其互补的高校资源配置市场机制来补充，高校资源配置市场机制就成为高校资源配置机制中重要的组成部分。

高校资源配置市场调节方式是指高校资源配置过程中，以市场为主要调节方式，按照市场供求调节资源的配置。高校资源配置市场机制是指在高校资源市场配置过程中，学校各组成要素之间相互作用、相互影响，产生综合作用的有机结构和运作方式。高校资源市场配置成为高校资源配置的一种重要手段，是有其深厚的理论依据的。

第一，社会主义市场经济理论。改革开放以来，我国的经济体制由社会主义计划经济体制发展到社会主义市场经济体制，社会主义经济建设的一切成就告诉我们，计划要与市场相互协调、相互补充。经济体制大环境的资源配置方式，决定了高校这个小环境的资源配置方式必须与之相协调，一切违反经济运行规律的行为都会受到经济规律的惩罚，因此高校必须把资源配置市场调节作为其资源配置的一种重要方式。

第二，我国高等教育的大众化。在大众化阶段，发展高等教育的主要目的是满足个人对高等教育的需要。高等教育不再是一种稀缺的资源，充分的供给往往超过了国家的需要，个人在高等教育中获得的收益往往大于国家和社会的收益，高等教育更接近于私人产品。由于高等教育阶段性特征，在高等教育发展的英才阶段，高等教育主要由政府投资，高校资源配置方式主要为计划配置，在高等教育发展的大众化阶段，高等教育更多地趋向于由民间投资。20世纪80年代以前，各国高等教育投资主要由政府提供。但是随着高等教育走向大众化，各国公共财政吃紧，20世纪80年代以后政府对高等教育投资的作用逐渐减弱，高等教育投资重新走向多元化，市场对高等教育投资的作用逐渐增强。高校资源的配置方式也要随着高等教育的大众化而有所改变，那么高校资源市场配置就理所当然地成为高校资源配置的一种重要手段。

高校资源市场配置尤其对资源配置中的微观方面有重要作用，它能够弥补高校资源计划配置的一些缺陷，高校资源市场配置在实践中具有重要作用。高校资源市场配置有利于调动学校各部门和各学科的积极性。在高校资源计划配置过程中，高校各部门和各学科工作积极性的高低对资源配置的多少产生不了影响，资源配置的多少是由学校集中决定的，各部门和各学科的工作积极性不高。而高校资源市场配置方式的运用，打破了高校资源计划配置的"大锅饭"和"平均主义"，高校各部门不能再坐等学校分配资源，必须靠自己的力量挖掘资源，这样可以调动学校各部门和各学科的工作积极性。高校资源市场配置能够满足更多的人接受高等教育的需求。随着高等教育的发展和人民生活水平的提高，大众对接受高等教育的需求越来越强烈，高等教育大众化、民主化是高等教育的发展趋势。个人希望自主投资、接受教育、取得收益来完成高等教育的投资过程，政府在预算的约束下希望个人投资以弥补政府投资的不足。市场可以通过价格扩大投资渠道，增加对高等教育的供给，更好地满足个人接受高等教育的需要。

但是事物都存在两面性，高校资源配置市场机制也存在严重的缺陷。

首先，高等教育的供求均衡不能完全通过市场的价格手段来实现。高等教育市场不是一个理想的竞争市场，消费者难以确定其应支付的价格。有两种高等教育的未来收益个人难以把握：一是个人的非经济收益，二是外部收益（即社会收益）。高等教育的个人经济收益可以通过就业表现出来，但外部收益和个人的非经济收益，个人难以把握其大小。高等教育收益的不明确，使个人难以确定其应支付的价格。高等教育的供求均衡也不是通过市场供求双方竞争达到的均衡。由于高等教育的外部收益，高等教育遵循的是一种成本原则，学费不是调节高等教育资源配置的唯一手段，甚至不是主要的手段。高等教育的成本原则不是追求利润最大化，而是在利润为零的条件下实现教育供求均衡，教育均衡价格仅仅是一种成本价格，而学费只是成本价格的一部分。高等教育的供求均衡不能完全通过市场的价格手段来实现。

其次，高校资源配置市场机制不利于保证学校一些弱势部门和弱势学科的利益。在高校中都存在强势部门和强势学科、弱势部门和弱势学科。强势部门就是在高校中，拥有较大权力的行政部门。强势学科就是高校中学术水平比较高、在高校中影响比较大的学科。而弱势部门和弱势学科则相反。为了促进学校的发展，高校资源在市场配置过程中，常常以效率为目标，资源配置多向强势部门和强势学科倾斜，而一些弱势部门和弱势学科只能得到较少的资源。

最后，高校资源配置市场机制不利于维护教育公平，利富不利贫。高等教育按市场供求进行收费，其排斥性和选择性增强了。由于收入的差别，穷人和富人对高等教育的需求曲线不同，但却要在相同的高价下购买。穷人由于无力支付高价教育，得到的教育明显较富人的少。高等教育对个人的未来起决定性作用，使贫家子弟和富家子弟在不同的起跑线上参与竞争，这明显是利富不利贫。

第三章 现代高校管理育人深层研究

本章主要内容为现代高校管理育人深层研究,主要从三个方面展开介绍,分别是高校管理育人的功能、高校管理育人的原则以及高校管理育人的主客体分析。

第一节 高校管理育人的功能

在汉语词典中,对"功能"一词的解释是对一项事情或方法具有某一方面的促进作用。管理工作如何在提升高校人才培养质量中有所建树,发挥应有的作用?一个重要的突破口和着力点就是要在强化管理工作育人功能上下功夫。所谓管理育人功能,是指高校管理工作要以服务和保障教学为中心、以人才培养为己任,紧紧围绕人才培养目标来谋划、创新和发展,通过观念更新、模式创新、制度完善、资源整合等多种途径,创造有利于加速人才生成的良好内部环境,提供有利于推动人才全面进步的广阔实践平台。

一、管理方向的导向功能

导向功能,指运用启发、动员、教育、监督、批评等方式,把人们的思想和行为引导到符合社会发展要求的正确方向上来。也有人称之为导航功能,包括对经济的导航、对思想道德和科学文化教育的导航、对理想信念的导航、对人们行为的导航等。高校的管理模式对师生的教育起着至关重要的导向作用,从高校的管理模式就可以看出一个高校把思想政治工作放在什么高度。这种导向一方面是通过课程的安排和思想政治教育活动的规划等直接形式来体现,另一方面是通过潜移默化来引导和调节成员的行为与心理。良好的管理模式会把师生引导到正确的方向上来，使他们树立正确的世界观、人生观、价值观，进一步明确教书育人、学习奋斗的目的与意义，积极适应社会发展的新要求。

二、管理行为的约束功能

管理行为的约束功能指管理育人对高校师生的道德行为起着重要的约束作用。高校为了办学目标制定了各项规章制度，发布各项管理措施，实施各种管理行为来约束师生的行为，建立和维持一种正常的学校秩序，在此基础上，把规章制度转化并内化为师生自觉的行为规范和习惯，真正提高师生自身的思想意识与品德修养。另外，高校的运行机制体现一个大学的精神，这种精神文化对师生的行为有很好的约束作用。

三、管理队伍的教育功能

教育功能，指管理育人队伍对师生良好品质的形成具有潜移默化的教育功能。管理人员并不是通过课堂的形式对学生进行教育，是通过在日常的管理工作中展现出来的那种高素质文化精神对师生的思想产生影响。管理人员在与师生的接触过程中，无论是工作作风、服务态度、办事效率、自身的修养素质，还是办公环境的整洁程度，都直接体现着高校的管理水平，它对师生的工作、学习、生活起到了潜移默化的教育影响作用，使师生感受到学校的文化和管理人员的敬业精神，帮助师生培养严谨的治学态度并形成正确的人生观、价值观，这就是学校管理所蕴含的育人功能，不需要过多的言语教育，通过管理人员的言传身教来起到示范作用。

四、管理制度的保障功能

保障功能，指的是正确的育人方向需要规章制度来保障。制度好可以使坏人无法任意横行，制度不好可以使好人无法充分做好事，甚至会走向反面。党的十八届四中全会指出，良法是善治之前提。立良法是促发展、助善治的基础。纵观古今中外，良好制度是民族振兴、人民幸福的重要保障。对大学而言，构建良好的制度，不仅可以维持教学秩序、维护师生利益，更重要的是其传递研究学问的准则，传播为人处世的规范，使蕴含着大学之道的各项规章，在规约行为、培养习惯的同时，塑造品格、陶冶情操、培育风气。所以，我国高等教育要实现长远有效的发展，办出特色、办出水平、办出成绩，不仅要有高等教育法律法规做保障，也需要各高校不断完善办学章程及各种规章制度，规章制度建设对立德树人目标的实现具有重要的保障功能。

五、管理措施的规范功能

规范功能，指高校管理育人不仅保障学校办学和育人方向不跑偏，而且对育人的措施具有规范功能。管理育人的主体定期查找学校育人方面存在的问题，分析其原因，并及时提出改进意见，确保各项育人措施规范实施，执行到位，取得实效。高校各管理部门、各级管理干部既是高校管理工作的主体，又是管理育人的主体。他们的管理工作，一方面是贯彻落实上级制定的路线、方针、政策，另一方面是落实学校的各项管理制度，确保育人工作规范开展。

2017年12月，教育部党组印发了《高校思想政治工作质量提升工程实施纲要》，提出了"十大"育人体系。除管理育人之外的九大育人，从广义的角度看，都是管理的具体措施，都是管理育人在不同领域的具体体现，都是对相应育人内容提出规范的要求。因此，高校管理育人工作具有育人措施的规范功能。

六、管理文化的陶冶功能

陶冶功能，指的是管理工作不仅是一种工作措施，而且是一种工作理念、工作制度，从这个角度来看，高校的管理工作也是一种管理文化，文化具有陶冶功能。发挥高校管理工作的育人作用，与高校管理的文化陶冶功能是分不开的，管理文化分别体现在物质文化、精神文化、制度文化、行为文化等方面。这些文化具有隐性的教育、陶冶作用，能够通过潜移默化的教化、激励和引导，对大学生的思想进行改变，从而达到育人的效果。

七、管理方式的激励功能

激励功能，指有效的管理可以激发管理对象的动机，鼓励其行为，形成其动力。管理学理论告诉我们,激励是指对个体的期望行为进行鼓励;激励功能,就是运用多种手段,充分调动人们的积极性和创造性,为社会主义现代化事业提供强大的精神动力。在高校中,师生的行为有可能导致学校公共利益或其他主体合法的利益增加,从而使学校目标实现程度增加或工作效率提高,这种行为就是"期望行为"。在学校,学校个体或群体有可能会产生这种"期望行为",而高校管理对学校个体或群体的这种"期望行为"是鼓励的。这种鼓励通过提供一种激励机制来进行,这就是高校管理育人激励功能的发挥。

八、管理部门的整合功能

整合功能,指的是高校管理部门具有的统筹协调高校内部资源、优化资源配置的功能。当前我国一般规模相当的综合性高校,机构设置几乎都按照党群机构、行政机构、直属机构来划分。通常党群机构下设党委办公室、组织部、宣传部、统战部、保卫部、人武部、纪委、工会、团委等;行政机构下设校长办公室、人事处、财务处、基建处、科技处、实验室与设备管理处、教务处、研究生处(院)、学生处、审计处、监察处、保卫处、保密处等;直属机构一般包括图书馆、档案馆(校史馆)、信息中心、电教中心、后勤集团、校医院、出版社、校办产业集团等。而高校管理部门是综合行政部门,是沟通、联络和协调领导各方的桥梁与纽带,协调工作是管理部门的一项基本工作。

第二节 高校管理育人的原则

一、方向性原则

(一)办学方向

任何一个国家和民族教育事业的发展,其根本问题是方向、质量、效益和活力的问题[1]。方向性原则是教育管理的基本原则之一,是指学校管理工作必须把坚持社会主义方向作为管理教育的基本准则。管理是一种有目的的活动,管理工作

---

[1] 唐超群,陈清洲.论普通高校成人教育管理的原则[J].成人教育,1992(7):9-11.

必然有方向。管理成效的大小，首先取决于方向是否正确。任何管理都是为了实现一定的管理目标。管理目标是管理活动的前提，管理目标体现管理的方向。教育是培养人的社会活动，就其本质属性来说，教育必须与一定社会的政治、经济相适应，并为其服务。不论什么社会性质的高等教育，培养什么样的人都是一个根本问题，是高等教育目标的核心，它集中体现了高等教育管理的方向。

坚持社会主义方向的内涵，应该既包括为社会主义政治服务，也包括为社会主义经济、文化建设服务。要坚持四项基本原则，即坚持社会主义道路，坚持人民民主专政，坚持中国共产党的领导，坚持马列主义、毛泽东思想。贯彻全面发展的教育方针，使受教育者在德、智、体、美、劳几方面都得到发展，成为有理想、有道德、有文化、有纪律的新时代中国特色社会主义事业建设者和接班人。教育要面向现代化，面向世界，面向未来。其中，加强党的领导是贯彻方向性原则的重要保证。坚持社会主义办学方向，一定要使学校办学过程中具体工作的方针、政策、措施同坚持社会主义办学方向一致，也就是说，政策和措施要同方针相一致，方针要同方向相一致，坚持党在社会主义初级阶段的基本路线，坚持政治与业务的统一，全面贯彻德智体美劳全面发展的方针。

（二）指导思想

要坚持正确的办学指导思想，坚持全面发展观，以育人为根本，以教学为中心，以质量为生命，确保人才培养质量；正确处理好现有教育资源与现有办学规模、扩大教育资源和扩大办学规模，积极改善高等教育的办学条件[1]；高等学校一定要明确社会主义教育事业要培养什么样的人、如何培养人这个根本性问题，要认识到高校德育工作是关系到国家前途与命运的一项重要工作。重视学生德育工作，不仅要加强学校硬件建设，优化育人环境，而且要加大力度，强化软件建设。要建立与完善一支强有力的德育工作队伍，加强队伍的组织与培养，教育工作要齐抓共管，使德育工作贯穿于教学、科研和学科建设的全过程，形成"全员育人、全方位育人"的大德育格局，努力形成党委领导、党政结合、强化行政、突出自我、强调创新、齐抓共管的德育管理运行机制。要坚持用习近平新时代中国特色社会

---

[1] 吴伯锜. 普通高校成人教育管理的原则与措施[J]. 零陵学院学报，2004（7）：213-215.

主义思想指导高校管理育人工作，必须坚持党对学校工作的正确领导，发挥党组织在学校工作中的政治核心作用。

二、生本性原则

（一）生本性原则是高校思想教育管理育人的核心

高校管理育人工作的主要体现就在于以学生为本，这既是高等院校育人务必要秉承的基本原则，又是科学发展观的重要体现。众所周知，育人是教育的本质目的，尤其是高等教育的根本点和出发点都在于为社会培育出一大批优秀的高素质人才。以学生为本的理念务必要在高校的每个育人环节（教学活动、管理活动、后勤服务等）都得以体现和贯彻，这实质上是对学生的肯定与尊重，体现了先进的价值取向与教育观念。高校一切工作都是围绕人才培养的目标展开的，人才的培养引起知识和价值的创造，这些创造需要教育来引导。高校将大学生的发展导入一个开阔的环境，促使学生在轻松自在的活动中完成自我实现和自我超越。因此，高校管理育人要以学生为本，切实遵循学生身心发展规律和教育规律，培养德才兼备的新时代青年。

坚持以学生为本的育人观，就是要多尊重学生、多理解学生、多关爱学生，要采取行之有效的措施来解决好学生的各种问题，指导学生妥善地处理好健康生活、合理交友、正确择业、学习等多个方面的问题，要让教师成为学生的"贴心人"。与此同时，还要充分发挥学生的创造性与积极性，要让学生能够对关系自身的事务有一定的评议权、发言权、知情权，最大限度地提高学生的自我教育能力与自我约束能力，增强管理育人得实效。

（二）坚持"以生为本"的原则，提升高校管理育人质量

构建高校管理育人体系必须坚持"以生为本"的原则，"以生为本"的原则是对马克思主义关于人的全面发展理论的实际运用。马克思指出，人的全面发展指的是个人劳动能力（包括体力的和智力的）充分自由发展；是人的才能与品质的多方面发展；是人的社会关系的丰富和发展，以及个人与社会的协调发展。高校构建科学的管理育人体系，既要关注教育对象的发展，关注教育者的发展，又

要推进教育者和教育对象之间和谐交往关系的形成。

要想育人的工作产生一定的实效性,就一定要遵循教育对象的成长规律来进行。高校的管理育人工作其本质还是教会学生做人的工作。怎样才能从学生的内心深处做到真正的育人,将育人的工作落实到位,首先就要对所教育的对象要有一个充分的认识,了解学生的思想和行为特点,知道他们的真正需求是什么,从中掌握引起这些思想和行为变化的原因,并且掌握变化的规律,这样才能在今后的育人工作中更加有针对性。

高校的大学生思想十分活跃,并且这一代的大学生成长的背景就是我国改革开放和社会主义市场经济的深入发展,因此展现了两个方面的特点。一方面,现代社会各方面飞速发展,市场经济等推动了经济的进步,互联网等各种新的传播渠道也在走进我们的生活,人们的生活越来越便利,有了更多更方便的渠道来了解社会,大学生在享受了良好的物质生活基础上,也培养自立自强、求真务实的精神,更加勇于拼搏,也更加追求平等和民主,有了比较强烈的参与意识和效率意识。

另一方面,虽然市场经济推动了我国经济的迅速发展,但是市场本身具有求利性的特点,自然也会滋生一些负面的影响,这会对当代大学生的人生观和价值观产生直接的影响。虽然大学生代表着活力和朝气,但是大学生也同样充满了困惑和迷茫。在做大学生的教育工作时,要了解大学生的思想行为特征,知道他们有什么样的真实需求,有什么样的特点,知道这些特点还要根据他们成长的规律,以及遵循他们的思想行为发展的规律,以此来调整思想政治工作,使其增加亲和力,学生才能真正认可这项工作,可以看出,这是十分具有挑战性的,要从学生的角度出发,学会关心他们、爱护他们、尊重并理解这些学生,让他们说出自己内心真正的需求,根据学生的意见来调整工作,这样才能使得工作落到实处,得到学生、家长和社会的认可。

三、民主性原则

(一)对人的管理是管理活动的核心

不管是什么管理活动,要知道人始终都处于主体的地位。要想做到有效管理,就要依据管理对象的特点，不断采取不同的方法，当然这些方法都要将人们的积极性、自觉性和主动性调动起来，实行民主管理。

什么是高等教育管理的民主性原则？其实就是将全社会的力量动员起来，依靠教职工和学生进行民主管理，全部参与到高等教育管理中去。高校管理的育人工作要坚持党的民主集中制原则，相信群众，将群众做为依靠，尊重群众的首创精神，听取群众的意见和建议。为了改进学校管理工作，完善管理制度，优化管理方法，应当保证全校师生员工都有发表意见、提出建议、开展批评、进行监督的民主权利。在学校管理育人工作中，是否坚持群众路线，能否做到从群众中来、到群众中去，是决定管理是否科学合理的重要依据。依靠群众，搞"群言堂"，形成知无不言、畅所欲言的局面，才能集思广益、群策群力，达到群体优化，实现管理科学，决策民主。否则，脱离群众，不听取群众意见，关起门来搞"一言堂"，就必然限制和扼杀被管理者个性的发展和特长的发挥，影响学校教学管理工作的正常进行。

（二）对高校教育实行民主管理有特殊的重要性

根据管理对象的特点，在高等院校中，教师和学生在管理上也是处于相同的角色，教师和学生都属于管理的对象，同时也都属于管理的主体。不管是教师还是学生，从事的教学、研究和学习都带有很强的学术性，是一种精神生产。这就意味着他们从事这种生产必须依靠自己的钻研，不断思考加探索，才能实现任务目标，也就是依靠内动力才能完成任务，这就需要将学生和教师的积极性和主动性调动起来，早日达到管理的目标。教师的任务包括完成学校的培养目标，完成规定的教育计划，按照教学大纲来实施教学工作，教师为了提高教学的实效性，更好地完成育人目标，就要不断改革教学的内容和方法，钻研和实践。当然，教师的一切工作完成离不开学生的主动配合。将教师和学生的积极性都调动起来，让他们都积极参与进管理的工作中，可以促进内聚力的形成，改进管理措施，提高管理有效性，增强学生和教师对学校管理者的理解和信任，从而带来积极的影响。所以，一定要将教师的作用发挥出来，不断听取学生的意见和需求，才能形成良性的学校管理。

高等学校一般都设有许多专业和课程，有教学、科学研究、生产、思想教育、后勤及校内校外关系等各方面的工作，人员众多，有极大的复杂性。管理好一所大学，需要很多学问。任何一所大学甚至一个系的领导者都不可能完全懂得所设的各专业、各门课程及各方面的工作。从这一意义上说，也必须依靠调动广大教职工的积极性，集思广益，共同管理，才有可能把学校办好。在教学、科学研究、学科建设的重大决策上一定要注意听取和尊重教师特别是教授们的意见。因为教授们在他们所从事的专业、学科领域里是专家，注意听取他们的意见，能够提高有关决策的科学性；由于教授们在学术上的权威性和在师生中的影响力，有他们参与的决策，一般更容易得到师生员工的拥护和信赖，从而有利于决策的实施；教授们的言行对学生有潜移默化的影响，让教授积极参与学校民主管理，有利于培养学生的社会责任感。许多著名的大学校长都十分重视发挥教授在办学中的作用。

就政府对高等教育的管理来说，正是由于高等教育有学术性强、专业学科门类多的特点，因此要给高等学校以学术自由和必要的办学自主权，避免过多的行政干预。高等学校还有多样化的特点，这是因为社会对高等教育的需求是多样的，不同地区、不同条件和历史背景下的学校是多样的，这也要求政府处理好中央集权和地方分权的关系，特别是要使高等学校有办学自主权，以利于学校办出自己的特色，适应社会的不同需求。政府的作用是进行宏观控制和协调，为学校创造良好的环境和条件，通过财政的、政策的导向和法规的约束，引导学校更好地发展。高等教育还有社会适应性强的特点。高等教育要适应社会需要，为社会发展服务，就必须向社会开放，主动了解社会对高等教育的要求，并积极争取社会对高等教育的支持。社会需要的变化，高等教育所处的外部条件的变化，也必然导致高等教育内部管理的变化，如教育发展规模、速度的调整，结构、布局的优化等。因此，要把高等教育的发展和管理放在整个社会大系统的背景下来加以考察和认识，要吸收社会力量参与高等教育的管理，动员全社会的力量来促进高等教育的发展。

（三）由我国社会主义国家的性质决定

在普通高校教育管理中实行民主管理，是我国社会主义国家的性质所决定的，是建设具有中国特色高等教育的需要，是管理者的主动性和师生的积极性、创造性相统一规律的客观反映,也是办好高校教育的关键所在。其内容包括:(1)领导者和管理者应树立群众观念,相信和依靠教职工和学生,吸取智慧,统一意志;(2)虚心听取教职工和学生的意见,不断改进工作作风、工作方式和方法;(3)要根据教师劳动的特点,制定发挥积极性的措施,如教师工作量制度、考绩制度等;(4)要培养高校学生的主人翁精神,引导他们关心学风、校风建设,参与班级管理及其他管理活动;(5)要有一定的组织机构和制度保证,要充分发挥学生中党团组织、班委会的作用,培养其共同参与的管理意识,使其把共同参与的原则落到实处,提高管理的整体效益。

四、多样性原则

高等教育管理的多样性原则是建立在管理目标的多样性与系统能量大小和条件差别的基础之上的。在现代管理活动中,必须在系统中建立合理的能级,使系统的各要素能够处于相应的能级中,充分发挥各自的效能,有效地实现管理目标。这是现代管理的能级原则。

(一)社会对人才的要求具有多样性

由于社会所需要的人才类型是多样性的,社会对高等教育提出的任务和所能提供的条件也必然是多样的;高等学校的基础、办学条件和办学经验也会有差别。因此,任何国家的高等教育都是分层次的、多种类型的,不会只有某一个层次或某一种类型。只有这样,才能够满足社会多样性的需要。在高等学校内部,各系各单位也会因其学科或工作性质不同而有特殊的要求,它们各自的情况和条件也是有差别的。

高等教育管理的多样性原则可表述为:根据各类高等学校或学校内部各单位的任务特点和条件,分别提出切合实际的要求,采取与之相应的措施进行管理。

我国幅员广阔,各地的经济和社会发展极不平衡。我国还处在社会主义初级阶段,社会对各种专门人才的需求更是多种多样的,因此要求我国的高等教育也必须是多样化的。各种类型、各层次的教育都是社会主义建设所需要的。教育要解决脱离实际的问题,就应当按照社会的实际需要,来安排各种类型、各个层次人才的培养。这就要求高等学校各有分工,根据不同类型、不同层次人才的培养目标，明确自己的任务，努力在各自的类型或层次上办出特色，办出水平。水平高低不在于学校处于哪个层次，而在于是否能办出特色，培养出高质量的人才。

（二）高校办学条件和办学水平各不相同

高等学校的办学条件和办学的水平会因为历史和各种原因，产生不小的差异，这种差异是客观存在的，无法否认。美国高等教育学家伯顿·克拉克（Burton R.Clark）指出，高等学校中存在的地位差别正是现代先进的高等教育系统的多样性的表现形式。将高等学校或者各类高等教育进行适度的分级可以让不同的学校按照自己的素质得到相应的地位，同时，也能让这些相同级别中的学校进行竞争。

在我国的高等教育领域中，根据现代化建设的需要，需要扶持一些高水平的重点大学出来，这样才能尽快培养出高层次的专门人才，当然，这类高水平的重点大学就需要承担更多的科研任务，这就使得这类大学既要搞教育，又要搞科研。为进一步将我国的科学研究能力增强，让人才的水平提升更高，国家依据同行评议、择优扶植的原则，选择在一些高校中有计划地建设一批重点学科。1993年，党中央和国务院发布了《中国教育改革和发展纲要》，其中提出"211工程"计划，即集中中央和地方等各方面的力量分期分批重点建设100所左右的大学和一批重点学科，力争有一批高等学校和学科、专业，逐步接近或达到国际一流大学的学术水平。其他的普通类院校，主要任务的侧重点放在了培养本科大学生上，会有较少的科研任务，研究生教育也没有比上述重点大学任务重。专科学校的任务自然就是培养专科学生。将学校的培养任务分开，按层次划分，是国家发展的需要，也是因为国家的教育投入总是有限度的，资源不够全面发展的情况下只能集中将多数资源倾斜在几个重点大学中。并且，现代的科学研究也需要将人才和资源集中起来。如果不采用这种方针，均匀分散教育的资金和人才，那么将不利于促进现代科学的发展。重点院校和重点学科要经过科学公平的评议，这样才能使得一些有条件的学校公平参与竞争。重点学校和重点学科要向着底层的人才开放，这样才能有利于提高高等教育的水平，提高学术的水平。要科学管理不同层次的高等院校，制定科学的政策扶持，让这些学校能够发扬自己的优势，促进其特色办学。即使是在高等学校的内部管理上，也要根据不同的学科专业，向着专业化和特色化方向发展。

五、制度性原则

（一）建立健全管理育人制度

培养一流人才、创建一流高校，离不开一流的管理育人制度做支撑。科学地管理育人制度能够对广大师生进行积极引导，让制度更好体现关怀温度、德育深度和育人高度，持续调动广大师生的积极性、主动性、创造性。一般来说，高校的管理理念越先进、管理制度越科学，学习、工作和生活在其中的师生就拥有越多选择，越能体现多样化和包容性。高校管理者应深入挖掘和研究管理育人的内涵与规律，努力探索管理育人工作的新途径、新做法，精心设计和完善管理育人体制机制，让先进的管理制度更好地发挥作用，有效发挥高校每项工作、每个领域的育人功能，把管理育人工作做到学生心坎上，为学生成长成才创造有利条件、开辟多种路径、提供丰富资源。

（二）汇聚管理育人合力

管理育人是一项系统工程，需要多部门齐抓共管、多环节相互配合。这就要求学校不断完善中国特色现代大学制度，着力构建以大学章程为统领的现代大学制度体系，形成党委领导、校长负责、教授治学、民主管理的治理构架，不断提升学校治理体系和治理能力现代化水平。坚持和完善党委领导下的校长负责制，把党的教育方针全面贯彻到学校工作各方面。大力推进"三全育人"综合改革，将思想政治工作贯穿于学校教育管理服务全过程，引导教学科研、党政管理服务等各部门教职员工把工作重心落到切实提升育人成效上。教学科研工作者应把教书和育人结合起来，让知识传授与价值引领同频共振，守好一段渠、种好责任田，使各类课程与思想政治理论课同向同行，形成协同效应。深入研究和掌握学生成长成才规律，通过科学务实的管理手段，充分释放高校办学活力、激发办学动力、提升治理能力，教育引导学生立鸿鹄志、做奋斗者，努力成为中国特色社会主义事业的合格建设者和可靠接班人。

(三)完善各项管理规章制度

高等院校管理育人的基础实质上在于健全而又完善的管理规章制度,管理规章制度的导向性较强,也是管理育人的主要措施,教职工福利管理、后勤管理、财务管理、设备管理、科研管理、教学管理、学生管理等,无不需要规范化的规章制度来作为保障。制度育人作为管理育人的主要形式之一,其主要目的还在于充分促进广大教职工和学生更好地理解和掌握规章制度,自觉遵守规章制度。众所周知,制度育人的作用通常只能由高校行政管理人员来传递给教职工和学生,可利用专题辩论、专题讲座、演讲比赛、知识竞赛等方式来加大规章制度的宣传力度,促使全体师生普遍遵守与严格执行。唯有如此,才能够在高校中营造出一种良好的学风、校风,才能够让制度真正发挥出管理育人的效果。

(四)打造一支强有力的人才队伍

21世纪是知识经济时代,人才是第一生产力。新形势下推进高校管理育人工作的关键就在于切实转变管理人员的思想,提高管理人员的素质。首先,高校管理层可以通过多种途径、多种方式来加大管理育人工作的宣传力度,让全体员工都能够在内心深刻地认识到管理育人工作的重要性,力争在高校形成"人人关心管理育人工作、人人参与管理育人工作"的局面。其次,高校管理层应该率全体员工之先,来主动担当起管理育人工作的重任,还要指派专人专岗来负责管理育人工作的监督,并且在各个方面都要给予力所能及的帮助与支持。

与此同时,高校管理层应该建立公正的激励体制。一方面,高校管理层务必要建立健全监督制度、福利分配制度、薪酬管理制度等一系列制度,尤其是要对不同级别教职工在管理育人工作中的日常表现进行综合考核,最大限度地对全体员工的意见进行广泛征求,以便能够制订切实可行的奖励分配方案,既要确保能够公平、公正地发放奖励,又要确保激励机制的公正和公平。另一方面,要确实有效监督奖励分配过程与绩效考核过程,确保在管理育人工作中表现优异的教职工都可获取对应的奖励报酬。此外,为了实现专业人才培养与管理人才培养之间的良性互动,激发广大教职工的工作积极性,可将能力较强、能够真正为学生服务的教职工提拔到重要的领导岗位。

第三节　高校管理育人的主客体分析

一、高校管理育人的主体

（一）管理者的主体对象

1. 高校任课教师

以往，我们将教师工作的功能简单地定位为"教书育人"，教师在教学工作中处于主导地位，大多数高校教师秉持的观念同样也是较常见的"分家论"，即认为对学生的管理是班主任、辅导员或者院校领导的工作，自己只需完成教学任务，但这显然与事实相悖。教师的立场、观点、情感、气质对于培养学生非智力因素、形成学生健全的道德人格具有重要的作用，教师也是管理育人工作的重要参与者。

从法的角度来看，我国《教师法》明确规定教师有"指导学生的学习和发展，评定学生的品行和学业成绩"的权利。此外，教育部出台的《高等学校课程思政建设指导纲要》也指出所有教师要承担好育人责任，科学设计、分类推进，将课程思政融入教学全过程。这些文件和法律的内容都表明教师管理的可能性。作为教学任务执行者的教师，是高校管理育人工作的首要实施者。教师的教育教学过程也就是管理的过程，课堂教学、协调师生关系、反馈教学成果等任一环节都体现了教师管理的重要性。

科学管理是行为规范的前提。高校课堂本身的教学安排、课时设计、时间限定、教学环节就极为严格，教师进行教学活动本就是一项管理工作。因此，高校教师在教学中始终扮演着管理者、育人者的角色，是管理育人的重要主体。

2. 行政管理人员

高校行政管理人员作为连接学生与任课教师的桥梁，承担着管理与服务双重职责。行政管理人员参与到管理育人的过程中，是"三全育人"的必然要求，只有处于管理育人第一线的行政岗工作人员重视起育人工作，摒弃传统的唯行政事务管理理念，才能真正发挥"三全育人"的实效。

行政管理人员主要分管师生教学安排、科研任务、党务行政、财务管理等涉及师生日常服务的各项工作。一般情况下，高校育人管理分为院校两级，学校党政管理部门主要通过统筹、协调各部门的教育教学与科研工作，加强大学生的思想政治教育。而院级层面所面临的压力更大，院级行政工作人员除了执行上一级管理任务之外，更直接面向学生群体实现管理育人，对育人工作的重视直接体现在学生行为举止方面。行政管理人员大多数是全院各项教学、实践、实习等活动的具体策划者和组织者，强化行政工作者的管理育人意识，使其在方案设计中融入思想政治教育元素能更有效地提升育人实效。由于高校行政管理人员与学生接触交流较多，因而能更充分掌握学生所思所想，设计出符合学生所需的育人方案，从而使活动方案更合理、科学。

3. 高校后勤部门

高校后勤是保障高校师生日常生活稳定有序的重要组织。后勤工作涉及面广，包括公寓管理、餐饮管理、交通运输、医疗卫生、基础水电设施管理等，内容庞杂，责任重大。高校后勤员工虽未对高校学生产生直接的思想政治教育影响，但是他们通过美化校园环境、完善各项基础设施，服务师生，在保障高校各项事务平稳运行的过程中发挥了重要的作用。后勤部门的规章制度和后勤员工的言行举止，也会对大学生的道德情操、学习生活产生潜移默化的影响。

教育过程的时空分离使高校后勤管理育人成为必然，任课教师和行政管理人员未必时刻守在学生身边，后勤管理作为补充完善了"三全育人"的队伍建设，真正做到了全员育人，不遗漏任一环节。管理育人是高校后勤改革"三服务、两育人"的重要内容，主要通过建立健全后勤管理制度，建立一支高素质的后勤管理团队，借助法律法规、舆论宣传等外力架构好后勤服务管理的"四梁八柱"，打好管理育人的基础。高校后勤部门所提供的勤工助学岗位也是对学生进行教育的重要部分，让学生通过劳动促进自身的全面发展，在对学生的管理中发挥后勤部门的育人功能。

4. 高校辅导员

高校学生辅导员是从事高校学生工作与管理工作的一支专业队伍，是开展大学生思想政治教育的骨干力量，在贯彻党的教育方针、培养德智体美劳全面发展的社会主义事业建设者和接班人的过程中发挥了重要的作用。高校辅导员是日常思想政治教育和管理工作的组织者、实施者、指导者，是工作在育人一线的思政教育工作者，具有教育、管理与服务多重属性。由于辅导员工作的特殊性，因而其与学生接触的机会较其他老师、行政人员而言更多，在学习、生活方面对学生的影响更为深远，辅导员的一言一行、价值取向更容易成为学生的参考。

在事务工作方面，由于学生的自主意识较强，因而辅导员的工作更需要科学化、规范化的管理。无论是学风建设、班级管理、评奖评优、勤工俭学，辅导员的高效管理都会对学生产生巨大影响，进而提升学生对辅导员工作的尊重与认同。在政治思想方面，辅导员更是把好关口的重要管理者。辅导员应政治敏锐、能力突出，引导学生用马克思主义眼光去认识当今中国的发展和世界形势的变化，将思想政治教育融入日常学习与生活，从而成为学生政治思想的领航者。此外，辅导员也是大学生的知心朋友，由于辅导员的年龄要求，高校辅导员更能掌握大学生的心理动态，理解大学生的兴趣爱好与理想追求，因而与大学生建立的感情常常超越普通师生的情谊，更易成为大学生的知心朋友。

5. 高校团学组织

除了高校教职工团队以外，高校团学组织也是实现管理育人的重要部门。高校团学组织是由学生组成的，由校党委领导、校团委指导的自我管理、自我教育、自我服务、自我监督的学生组织。这些组织包括学生会、团委、社联、科协、研究生会、艺术团等各个部门，通过建立一定的规章制度实现学生团体的自我管理与自我教育。

目前高校学生已进入"00后"阶段，学生个性更加多元化，需求也更为多样。团学组织的学生领导者大部分通过竞选的形式任职，在学生群体中扮演着"意见领袖"的角色，在协调学生与学生、学生与教师、学生与高校之间的关系方面起到了桥梁的作用，能够及时传递有效信息，调节各方矛盾，因此能成为老师与学生之间的润滑剂，同时能够弥补高校管理部门对学生诉求了解不及时、服务不到位的不足，利用学生组织先天的优势及时反映学生的诉求，延伸和补充高校管理工作内容。这些丰富多样的学生组织也在一定程度上促进高校管理、服务、教育等工作的改善，使得高校能精准地实现对学生的管理与服务，因此，在高校管理育人的工作中同样不能忽视团学组织这一重要的力量。

简而言之，高校全体教职工构成了管理育人的主体，学生自身也在一定程度上实现了对自身的管理与教育。高校全体教职工必须明确自身的育人职能，树立管理育人理念，将思想价值引领贯穿于教学与生活的全过程。各方主体都要依据自身岗位属性做好管理育人工作，并在育人过程中相互沟通、及时交流，形成各方沟通协商机制，共同发挥树人育人的积极作用。

（二）管理者的基本素养

在高校中，虽然不同的主体对于学生管理育人的手段与内容有所侧重，但思想政治教育者要想履行好自身的职能，就必须具备良好的素质。一个优秀的管理者在品格素养、法律素养、职业素养、心理素养等方面的素质决定着教育的质量和水平。思政教育工作的特殊性在于教育主体必须以自身的思想和行为来感染受教育者，使教育客体内化于心、外化于行，按照社会的要求发展。因此，管理者除了需具备基本素质以外，还应具备从事高校育人工作所必需的特殊素质。

1. 政治素养

高校环境下，管理者的基本目的是培养德智体美劳全面发展的社会主义建设者和接班人，政治问题是首要问题，也是原则问题，政治素质是高校思政教育者的核心素质。管理者要坚定自身政治立场，锻造过硬政治本领，始终维护党和人民的利益，弘扬社会主义先进文化，这样才能帮助学生在大是大非面前筑牢自身的思想防线，树立正确的价值观，才能指导学生成长成才。

（1）坚定的共产主义信念

共产主义信念，是人们运用马克思主义基本原理，在正确认识人类发展客观规律的基础上，对实现共产主义的坚定决心与态度。管理主体的信念是否坚定决定了高校管理育人的方向是否正确与成效高低。管理主体对中国特色社会主义的认同及管理主体自身较高的政治素养使得管理客体更容易认同中国特色社会主义制度与意识形态。管理主体要引导学生正确认识共产主义远大理想与现阶段共同理想的关系，引导学生正确认识国家命运，担负起建设祖国、振兴中华的光荣使命，引导学生只争朝夕、不负韶华、艰苦奋斗，努力掌握为祖国、为人民服务的真才实学，坚定地向共产主义迈进。

（2）坚定的政治立场

高等院校的育人团队必须坚持正确的政治立场，坚持四项基本原则，走中国特色社会主义道路。管理者通过自身在政治生活中所表现出来的优秀政治品格会让管理客体由衷地认同自身的观点、赞同政治行为，使其自觉成为中国特色社会主义坚定的拥护者和支持者。管理者通过在管理过程中自身政治人格的感召，以及在管理实践中民主精神、宽容精神、科学精神、参与精神的发挥，使被管理者更真切地体会这种现代政治意识的精髓所在，对其产生潜移默化的作用，实现育人效果。而一旦管理者的价值认知或者行为表现发生偏差，就容易在各种杂音中迷失方向，对学生的价值观产生不良影响，使学生陷入各种思潮的误区。新时代高校管理团队要把提升自身政治素养摆在首要位置，自觉用习近平新时代中国特色社会主义思想武装头脑、指导实践、推动工作，把政治素养当成核心素养来培养，保持政治定力，在课堂内外传播正能量，做学生成长道路上的政治领路人。

2. 道德素养

道德素养是一种重要的教育力量，是高校管理者开展管理育人的重要条件。习总书记曾在多个场合论述过师德师风的重要性，管理育人的主体，尤其是高校教师，更应注重自身道德素养的提升，成为社会道德的示范者。具体而言，包括以下内容。

（1）爱岗敬业、乐于奉献

爱岗敬业、乐于奉献是最基本的职业道德，是对自身所从事事业的积极态度，是高校管理育人者实现人生价值、培育学生健康成长的最有效途径。高校教师应全身心地投入到教育教学的工作中，将思想政治教育贯穿到教育教学的全过程，其他岗位的管理者也应高度认同并热爱自己的职业，如此才能在自己的岗位上发光发热，对管理育人工作倾注热情。管理主体只有对自己的工作极端负责，乐于奉献，时刻考虑学生的需求，将学生利益放在首位，才能使教育主客体之间产生相互信任、相互理解的认同感，使教育客体对教育者发出的信息做出及时准确的反应，促进思想政治教育实效的提升。

（2）明礼诚信、敬畏学术

"学高为师，身正为范"，教师的言行举止会对学生产生直接的影响。谦逊有礼、态度诚恳，更容易受到学生的爱戴，利于学生礼貌习惯的培养。教师良好的诚信意识是师德建设的重要内容。诚实守信是全体公民的核心价值共识，是中华民族的传统美德。肩负传道授业、培育时代新人重任的高校教师更应以身作则，率先垂范、心存诚信、知行合一。教师的职业特殊性要求教师要将诚信的意识上升到信仰的高度,将诚实守信作为立人之本和自己的行动指南。教师恪守诚信最重要的表现就是遵守学术道德,保持严谨自律的学术态度和学术精神,尊重学术、敬畏学术,努力弘扬优良的学术道德和学术风气,不因一己私利违背学术道德。教师只有明礼诚信、敬畏学术,才能引导学生学做真人、做真学问,成为学生思想道德的楷模。

（3）艰苦奋斗、清正廉洁

廉洁从教是高校教师的立身之本,高校教师要坐得住冷板凳,才能出得了真学问。只有做到谨言慎行、廉洁自律,才能让学生信服,成为学生的人格榜样,高校行政管理人员更是如此。高校行政人员、党员干部等能否廉洁从政,不仅关系到高校管理育人的实效性,更直接关系到高等教育的科学发展和服务经济社会发展作用的有效发挥。高校教职工在面对来自社会的各种诱惑时,必须严格约束自己,廉洁从教、廉洁育人、不忘初心、艰苦奋斗,以"两袖清风、一身正气"的做派坚守育人者的底线,抵御各种不良思想的影响,以高度自律和不断奉献的精神为学生树立良好的榜样,从而实现自身的育人价值。

3. 法律素养

法律素养,即职业法规素养。法治是现代社会的治理模式,是建设法治校园、和谐校园的必要条件,具有客观性、原则性。在"三全育人"过程中,法治教育是思想政治教育的重要内容,是培养社会主义法治新人的前提。高校教职工除了要树立法治思维、提高法治素养,运用法律为学生排忧解难之外,更重要的是为学生传授基础的法律知识,培养学生的法律意识、法治思维,使学生懂得维护自身的合法权利。法律素养主要包括以下三个方面。

（1）知法懂法

高校教职工除了应了解《宪法》《高等教育法》《教师法》等法律以外,还应该熟悉并掌握与自身岗位相关的法律法规,尤其是与学生利益相关的法律法规,比如《学位条例》《合同法》等。法律条例内容繁多,涉及面广,但只有教师知法懂法,提高自身的法律意识,才能以国家规定作为自己的行为准则,依法办事,在教学和生活中运用贴近学生生活的事例对学生进行潜移默化的教育,并且最大限度地对学生给予实际的帮助。比如《合同法》与大学生就业创业息息相关,关系到学生未来的发展，高校教职工只有自身具备法律功底，才能驾轻就熟，指导学生在就业时运用法律维护自身权益。高校教职工必须明确自身对学生承担的管理育人的责任，在保护学生的同时，也能有理有据地保护自己。

（2）守法用法

守法用法是高校教职工管理育人的必然要求。高校行政管理人员、教师、辅导员都拥有一定的权利，与学生评奖评优、成绩认定等密切相关。要想真正实现管理育人，高校教职工就必须遵守法律和规章制度。管理主体的作风和管理方式一定程度上影响着学生的思想和表现。如果不按原则办事、法外施恩，就会导致学生存在侥幸心理，无视法律和规章，难以形成有效的管理机制。因而，高校管理者必须要做到公平公正、守法如炬，在学生中树立遵法守法的行为示范，以实际行动带动学生主体崇德向善，遵守法律。此外，就是要懂得运用法律，让学生在实际行动中感受到法律的正义，从而达到言传身教的目的。例如学生遭遇兼职纠纷、网络诈骗等学生难以自行解决的问题时，教师运用法律武器和专业知识来帮助学生解困，就能起到很好的实践育人的效果。

（3）爱法扬法

除了要知法懂法、学法用法之外，高校管理主体更要从心里爱法，在行为上扬法，牢固树立热爱法律、弘扬法律的理念。法律具有调整人们行为规范的属性，法律面前人人平等。如若高校管理者仅仅只是了解法律、遵从法律，而不认可法律的话，其思想行为极易发生偏差，在遇到与自身利益产生冲突的事情时，容易钻法律空子，做出违法乱纪的行为，最终与自己初心相悖离。因而高校管理者必须树立法律至上的理念，将法律作为维护自身权益的武器。同时，要在学生群体中弘扬法律，增强学生法治理念。自《民法典》颁布之后，令一些学生困惑的"扶不扶"等问题得到了破解，为开展思想政治教育提供了一个新的逻辑场域。高校教师要抓住契机，与实践相结合，在潜移默化中弘扬法律，让学生从心底遵从法律。

4. 能力素养

职业能力是指人们从事职业的多种能力的综合，职业能力素养是将知识运用于实际工作中的技能与艺术。在高校管理育人的过程中，面对个性更加多元化的大学生，高校管理团队更应掌握多方面的职业能力，以此来提高教育效果。

（1）学习能力

高校教师和行政管理人员等作为教育的重要主体，承担着教育学生的重要责任。给学生一杯水，教师就要有一桶水。教育家马卡连柯说过："学生可原谅老师的严厉、刻板甚至吹毛求疵，但不能原谅他的不学无术。"[1] 高校教师尤其是思政课教师，只有走出去学习最新知识、传授先进的教学方法，才能吸引学生的课堂兴趣，最大限度地实现育人的效果。如今，面对信息爆炸的时代，一桶水显然无法满足大学生的需求，管理主体更需要成为一片海洋，对于知识要有自我更新的能力。一旦停止学习，教师就会进行机械式的教学，并且在长期的固定模式运作中产生职业倦怠，不利于教学的开展。例如，在信息技术创新浪潮席卷的当下，互联网和人工智能已经成为教育创新实践的重要支撑空间，"人工智能+教育"的应用场景勾画出未来人工智能时代教育信息化发展的蓝图。这也对教师的基本素养提出变革性要求，信息技术素养必将成为教师的根本素养。因此，教师要树立终身学习的理念，成为学习型教师，变"一桶水"为"长流水"，打破学科界限，增长教学智慧。

（2）组织能力

组织能力是管理育人主体取得管理和教学成果的重要保证。缺乏组织能力与管理能力的教育主体，在管理育人过程中将难以实现高效育人的教学任务。组织能力主要包括教学组织能力、素质拓展组织能力、团队组织能力等几个方面。

第一，教学组织能力。高校任课教师是课堂的主要引导者与安排者，教师必须具备熟悉教材、保证课程完成度、活跃课堂气氛、灵活调节课程课时、发散学生思维、培养学生创新能力、维护课堂秩序的教学组织能力。

第二，素质拓展组织能力。高校第二课堂是实施素质教育、提升育人实效的又一实践场域。高校教师、辅导员等管理主体应有能力组织和指导各类利于凝聚班级、院校的实践活动，组织各类讲座、竞赛、展览、观影等活动，满足学生的个性化需求，发挥学生主观能动性，形成良好的教育氛围。

第三，团队组织能力。高校学工团队、教师团队、后勤团队、学生组织共同致力于推动管理育人持续性、有效性开展，因而这些组织就不能相互割裂开来，

---

[1] 陈玲，付学成. 教师修养 [M]. 北京：北京师范大学出版社，2015.

而是应当形成一个有机整体。管理主体应当具备团队管理组织能力,相互配合,推动管理育人工作有效开展。

(3)沟通能力

高校教育主体沟通能力的缺乏会导致师生关系的冷淡和师生心理上的疏远。对于教师而言,良好的沟通能力有利于调动学生的学习热情和主动参与的精神,直接影响教师的主导作用和学生主体作用的发挥。以平等、民主的态度对待学生,注重沟通能力、协调能力的培养,是教师获取学生信任、支持的重要途径。而对于行政岗、后勤岗的高校教职工而言,良好的沟通能力更能促进日常工作的开展。高校教职工除了管理育人的职能外,还要履行服务职能。服务职能的履行也要基于有效沟通的基础上。只有切实履行好服务职能,才能更好地实现管理育人。

当然,高校教职工的沟通协调能力并不局限于学生这一主体,在各组织内部、在与社会的交往联系中,良好的沟通能力都是必不可少的先决条件。各组织内部只有通过有效沟通与协商,才能实现管理育人系统的优化,达到最优的育人效果。如果忽视社会教育的作用,高校管理育人的目的也很难达到。高校教职工要广泛接触社会,在社会中掌握社会环境对学生所能产生的各种影响。因而,这就要求高校教职工具备良好的与社会沟通的能力。

(4)创造能力

创造能力,主要是由创造性思维与创造性想象能力所组成的,具有新颖性和有用性两个特征,是在管理育人过程中推动育人效能发展的源泉。改革激发了人们的创新意识,触发了人们的创造性思维,创新意识是改革成功的心理基础。高校管理工作者要在"三全育人"工作中有所作为,开创管理育人工作新局面,具备创造能力是至关重要的。

具有较高的科技素养和创新能力是新时代对人才的基本要求。创新型教师不仅要具备问题意识、创新意识,在学术领域提出创新性见解,为学生树立先进典型,更应该有创造性育人的理念,能够打破常规,培养学生的批判性思维。在日常教学中,教师不是以知识为中心,而是以学生为本,注重学生的能力和素质的全面提高。其他教育主体在平时的工作中也应树立创新意识,敢闯敢试,打破思维定式,创新工作模式,及时了解内部管理服务对象新的需求,简化行政程序,更好地为学生服务。

（5）用人能力

任何一个岗位、工作都需要有人去做，任何工作任务都需要人去完成。选贤任能，发现每个岗位最适合的人才，使其各施所能，充分发挥主观能动性，是管理者知人善任的领导艺术。高校管理育人的主体，特别是领导者，更要具备识才的眼力和容才的胸怀，尊重知识、尊重人才、公平公开、量才使用。

高校辅导员是与学生联系最密切的行政教师，学生干部的选拔与辅导员存在密切的关系。培养一支高素质的学生干部队伍是社会转型期高校学生工作的客观需要，也是辅导员实现管理育人和服务育人的现实体现。班干部的优良作风和积极进取的人生态度能在班级中发挥积极的模范作用，并且协助辅导员进行各项管理工作。因此，选拔一支素质过硬的学生干部队伍，能够促进辅导员工作高效开展和学生干部能力素质有效提升。而对于优秀教师的选拔也是如此。选拔科研能力突出、教学方法优良的教师，不仅能提升学生对于课程的兴趣程度，更是对推动学校教育教学高质量发展具有重要的意义。

5. 心理素养

一个优秀的管理团队，不仅要在政治思想、业务能力方面有较高的素养，还要有良好的心理素养。"思想政治教育者的心理素质是指体现在教育者身上的经常的、稳定的心理特征。"[①]良好的心理素养不仅对管理者自身的发展具有积极意义，而且对于感染教育对象、协调教育主客体之间的关系具有重要的作用，是做好育人工作的重要保证。

（1）人格健全，品德高尚

教育主体要具备健全的人格，首先就要正确地认识自我、他人与社会，对自身有一个清晰的定位，认识到自身工作的复杂性。要了解自身的长处和短处，认可自身管理育人的职责。要始终明确自己在做什么，感受到了什么，并知道这些行为和体验从何而来，对自己的职业产生足够的职业自豪感。与此同时，要积极乐观、谦虚谨慎、宽容幽默，对生活始终充满热情。管理育人主体良好的性格不仅能促进大学生心理健康水平的提高，而且能促进全民族心理素质的提高。只有具备了高尚的人格和道德品质，才能在学生心目中形成管理主体的人格魅力和影响力，这是一种潜在的影响学生心理和行为的重要精神力量。

---

① 陈万柏，张耀灿. 思想政治教育学原理[M]. 北京：高等教育出版社，2015.

（2）良好的自我调控能力

要散布阳光到别人心里，自己心中必须要有一轮太阳。职业倦怠和情绪发泄在日常工作中难免存在，自我调控能力不强的管理主体容易工作情绪化，甚至把情绪都发泄在学生身上，长期如此，对于学生心理上的伤害是不可逆的，不仅会失去在学生心目中崇高的身份地位，而且不利于自身职业道路的健康发展。管理主体面对现实压力时，应主动应对，尽力调适，反思自己的压力来源，积极认知压力对自身产生的影响，形成面对压力的良好心态；同时掌握积极的应对策略和归因方式，努力培养自身的内控能力，将原因归结为自身可以控制的因素。管理主体应不断提高心理承受能力，始终保持良好的心境来做好育人工作。只有保持亲和的工作态度，才更容易获得学生的信任；保持积极乐观的心态，才能使学生在接受教育时保持愉悦感，如此才能全面地了解学生，发现学生思想上存在的问题。

（3）和谐的人际关系

具有豁达乐观的胸怀并建立良好的人际关系在管理育人的过程中是至关重要的，也是管理主体的魅力所在。和谐、友好、亲密的人际关系是在相互尊重的基础上建立起来的，和谐的人际交往不仅利于主体之间的友好相处，推动主体间优质管理方法与内容的共享，促进管理团队整体能力的提升，而且对于客体而言更具有直接的作用。高校学生主体都希望生活在人际关系良好的氛围中，都期望得到公平公正的对待。因而，高校管理主体要具备换位思考的能力，能主动站在学生的立场上，从学生的言语和行为中体察他们的思想、行为与感受。人际关系和谐的管理主体懂得相互欣赏与尊重，善于换位思考，不仅能取得学生的信任，提高工作能力和业务水平，而且善于运用多种形式加强和学生的沟通，为学生的个性成长营造一个良好的教育环境。因此，管理主体要将自身和谐地融入社会之中，学会与人交际。成功的教育者往往都具备突出的人际交往能力，尤其是善于和学生打交道。

二、高校管理育人的客体

（一）管理客体的对象

管理客体也有广义与狭义之分，狭义的管理客体就是指高校大学生，广义的管理客体包括高校教职工与大学生群体。管理育人主体与客体不是对立的关系，而是存在强烈互动和部分融合的趋势。从时间维度看，高校管理者必须先接受管理教育，管理主体在管理教育别人的同时，也要接受对方的管理教育并进行自我教育与管理。从空间维度而言，不少管理工作并不是直接面向学生群体，而是通过一定的文化载体、制度载体等管理手段实现育人目的。在层层的管理衔接中，不仅学生群体受到了教育，高校专业课老师、行政工作人员、后勤管理人员、辅导员、高校团学组织等对规律、自律和创新上的要求也可看作对管理主体的教育。此外，从哲学维度看，客体对主体不仅起着"镜像"作用，还能直接影响主体并导致主体调节和改变其行为。更进一步说，存在对思维、世界对人的制约作用也可从客体对主体的他律作用中得到最直观的显现。总之，管理育人客体的扩大，使它的影响范围更广，从而使得管理工作具有更大的育人价值。

1. 高校管理者

习近平总书记在全国高校思想政治工作会议上强调，要坚持把立德树人作为中心环节，把思想政治工作贯穿教育教学全过程，实现全程育人、全方位育人，努力开创我国高等教育事业发展新局面。办学要真正做到以文化人、以德育人，把立德树人内化到大学建设和管理的各个领域，各方面、各环节都要做到以树人为核心。

高校教职工的素质决定了高校办学能力与水平，在高校中，他们是管理育人的领导者、组织者、实施者，肩负着教书育人、管理育人、服务育人的重要职责。高校的教职工对大学生的思想政治教育工作进行加强和改进，可以为国家输送大量的建设人才和接班人。每个教育工作者的首要任务就是育人，这是教育工作者应尽的义务。但是，我们也应该认识到，育人具有特殊性，也具有一定的困难性，因为要通过教育来对学生的心灵产生影响，并且其形式也是多种多样的，完全依靠教师的自觉，因此属于是一种比较艰辛的劳动。教育工作者只有依靠自己的道德觉悟和思想境界才能转化为他们的信心要求，并付出实际行动。

因此，高校教职工也是高校育人工作的重点对象。高校育人工作既要"领导抓"，又要"抓领导"，这主要是由教育主体的地位和思想政治素质现状决定的。

高校教职工在高校中的地位及其职能决定了必须将其作为思想政治教育的重要对象。高校教职工是传递党的路线、方针、政策的重要推动者，是学生与社会之间的重要桥梁，是高校中学生事务管理的领导者与组织者。实践表明，党和国家事业能否顺利发展、学生思想道德素质是否健全，高校教职工是一个重要因素。高校具备一大批思想素质和科学文化素质较高的教职工团队，是建设中国特色社会主义伟大事业、实现中华民族伟大复兴中国梦的关键。要建设一支高素质的教职工管理团队，就必须加强管理主体的思想政治教育，使其具有坚定的共产主义信念和较高的马克思主义理论水平，在学生群体中正确灌输党的路线、方针、政策，全心全意为学生群体服务。

高校教职工对广大教职工群体的示范作用决定了必须将其作为思想政治教育的重点对象。高校管理团队的一言一行对大学生群体具有重要的影响，其良好的思想道德素质本身就能成为最具说服力的教育形式。高校教师、行政管理者、辅导员等作为与学生群体密切接触的主体，如果他们的行为符合社会道德规范，且具有良好的社会示范效应，就会对广大大学生产生道德示范和激励作用；反之，如果他们难以胜任岗位要求，不仅会损害教职工自身的形象与威信，而且会败坏党和政府在学生中的权威。因此，做好高校教职工的思想教育工作，是做好高校其他工作的基本前提，提升管理主体的思想道德素质是增强高校管理育人实效的关键环节。

现实生活中少数的高校管理者思想道德素质方面存在严重问题，要求我们必须重视管理主体的思想政治教育。师者，人之模范也。然而，近些年来，社会生活的急剧变化对高校管理者的思想政治素质产生了复杂的影响，部分高校管理者丢失理想信念，组织作风涣散，对学生产生了极其恶劣的影响，虽然是极少数，但也不可忽视。尤其现在网络传播速度飞快，某些管理者的不良行径通过网络的传递，更加快速地影响了高校教职工在人民群众心目中的形象。因此，高校管理者作为管理的客体，要提高基层教职工尤其是党政干部的领导素质。只有大力加强领导干部的思想政治教育，提升其思想素质，才能有效解决管理问题中存在的思想性、根本性问题，从而为高校乃至社会思想政治教育创造良好的环境，培养合格的社会主义接班人。

2. 高校大学生

习近平总书记曾在多个场合强调青年群体在社会主义现代化建设中的重要性。高校大学生群体作为新时代的奋斗者、建设者，就必须具备崇高的道德精神和意志品质。大学生是我国思想政治教育的主要对象,也是重点对象。这是由大学生群体在社会主义现代化建设事业中的重要地位和历史作用及其生理心理特征所决定的。

首先,高校大学生在中国特色社会主义现代化建设事业中的地位决定了这一群体是管理育人的主要对象。青年群体是中国特色社会主义的建设者和接班人,是祖国的未来、民族的希望,承担着建设富强民主文明和谐美丽的社会主义现代化强国的重任。青年群体历来走在民族前列,以先进的思想、革命的斗争精神为祖国和人民建功立业,为社会主义铺路架桥。只有在社会主义的大舞台上,在中国共产党的正确领导下,青年群体才能实现自己的伟大抱负、发挥自身的聪明才智。当然社会主义的实现也离不开青年群体,没有这些生力军的添砖加瓦,中华民族伟大复兴的中国梦也很难实现。未来掌握在青年人的手中,青年一代的道德素质和精神风貌决定了国家的未来与发展命运。因此,青年群体特殊的时代地位决定了必须将其作为思想政治教育的重点对象。高校管理者要在管理中对其实施德育教化,要对大学生群体投入更多的耐心、关心、爱心,培养他们积极进取、团结奋斗、求真务实、知行合一的精神,全面提升大学生群体的思想道德素质和科学文化素质,使其更好地承担社会主义现代化建设的重任。

其次,高校大学生群体的心理认知也决定了他们是管理育人的主要客体。大学期间是青年群体走向成熟而又未完全成熟的阶段,也是其世界观、人生观、价值观形成的关键时期。在这一阶段对其进行思想政治教育比其他任何阶段都更易于帮助他们塑造正确的世界观、人生观、价值观,因而管理主体必须根据大学生群体的心理特征适时引导、有效管理,促使其成为合格的社会主义建设者和接班人。

青年时期是人的心理发展最为波动、最为迅速的时期,对高校大学生进行管理教育,一定要注意方式方法,根据青年群体的心理特征进行有针对性的教育管理。青年学生求知欲旺盛,学习能力突出,有较强的自我意识和分析能力,传统的教育灌输显然不适用于当代青年大学生的学习需求,只会引起他们的抵触甚至反感。只有结合时代特征和大学生的个性,因地制宜、因材施教,对其加以管理引导,才能最大限度地帮助他们避免陷入偏执、独断的误区。此外,青年大学生的情绪和情感体验丰富,但情感活动比较动荡、易变,呈现出明显的不稳定特征。

青年的心理将会在与不同人群的交往中面临独立与依赖、自尊与自卑、情感与理智等诸多矛盾与冲突，在高校中辅导员、心理老师等多方面的心理关怀疏导，能有效缓解青年群体的心理疑惑，很大程度上避免大学生群体出现心理疾病，进而走向极端。再者，青年大学生社会阅历较浅，实践经验不足，但自我意识的发展会使其尽可能探寻自己内心深处的自我，将注意力集中到发现自我、关心自我的存在上。而现实与实践的限制使大学生群体不能全面客观地分析自我，找准自身的前行方向和发展定位，不能正确区分"主体我"与"客体我"。要想实现自我的整合和统一，协调自我排斥和自我接纳这两个阶段，就需要高校管理者对其加以引导，帮助他们找到真正的自我，促使其健康成长。

总之，大学阶段既是青年发展的黄金时期，也是一个"危险"时期。一方面，大学生需要高校管理者对其进行特殊的关怀、教育、引导，满足学生的个性化需求。另一方面，大学生又具有自我教育、自我定向的可能性。高校管理者必须正确认识到大学生群体的心理发展特征，遵循教育发展的规律，有效开展思想政治教育，引导他们在生理、心理上的成熟，进而度过"危险期"，达到思想上的理性。

（二）管理客体的特点

由于层次背景不同、所处环境不同等客观因素，以及管理客体自身思维方式的差异等主观原因，不同的管理客体呈现出不同的特征。掌握管理客体的基本特点，是管理主体开展工作的重要依据。管理客体的权利主要表现为客体主体性、层次多样性、环境黏合性、发展可塑性、反馈及时性等。只有把握了不同群体的心理特征，掌握了他们的心理需求，才能为管理客体提供各种类型的服务，解决师生员工的后顾之忧。

1. 客体主体性

管理育人是一项特殊的实践活动，管理育人客体本身就具有极强的主动性。但和管理主体的主动性不同，管理客体在表现形式和作用的程度上更体现出一种接受式的启发，是管理客体的自觉能动性，是管理对象客体性的特殊表现形式，因而它必定发生于管理育人主体所实施的育人活动之中或之后。管理对象的主体性是指教育对象不是作为一个完全被动的客体，而是作为一个有思想、有情感的人参与到管理育人过程中。管理客体作为思维着的人，能够能动地认识外部世界和内部自我，了解自身道德状况及自身行为与管理规章、社会要求之间的差距。同时，管理客体作为一个有能动性的人，对于管理主体所传递的教育信息并不是照单全收，而是根据自己的理解水平进行吸收与消化，有选择、有目的、有取舍地进行教育的再加工。这个选择和创造的过程是管理对象自我教育、自我提高的过程，也是管理客体能动地反作用于管理主体的过程。管理客体以主体视角体察教育者的管理活动所具备的教育意义，再投射到自身，鉴别、选择、内化管理者的教育信息。因而管理客体兼具主体性和客体性，缺乏管理对象的主体性参与，管理教育活动就无法开展；没有管理对象的主导性发挥，管理主体的主导性作用也就无从谈起。

管理育人过程中客体的主体性特征启示我们，不能以传统的灌输方式管理教育对象，而应该坚持以人为本，尊重教育对象的精神需求，积极营造氛围和创造条件激发管理客体的主体能动性，从而使得管理客体能以更加积极和理性的态度参与到高校"三全育人"工作中去，在与管理者的良性沟通中实现高校管理育人的目标。

2. 层次多样性

在高校中，管理育人的客体具有广泛的群众性和复杂的层次性，涉及高校多个管理部门和不同身份背景的教育客体。高校管理者既是教育的主体，也是接受教育的特殊对象。在高校中，无论是教学课堂、学生公寓、图书馆等任何场所，只要有人承担工作的地方就必然伴随着思想政治教育的活动。以往我们曾将管理者、管理对象简单地划分为对立的双方，认为只有管理客体才需要接受管理教育，这种观点是片面的。事实上，不存在绝对的管理主体与管理客体，时间、地点、条件的变化都会影响主客体之间的关系。管理者首先要接受教育才能管理教育对象，在接受管理教育的同时，这些主体本身也是客体。管理者因其特殊的地位和重要作用，更应该主动接受教育。高校教职工只有保持自身思想先进，才能更好地实现管理育人。

虽然管理对象广泛存在，但管理对象之间会因成长环境、教育背景、社会地位等各种因素呈现出不同的特征，不能一概而论，抹杀了不同层级间客体的差异性。按照时间、空间的属性，不同的管理客体之间表现出明显的层次性。即使是同一类别同一层次的教育对象，也可按照细化的标准进行不同层次的细分。

在开展教育活动时，教育主体要有的放矢，根据教育主体的利益需求和不同层次主体的自身需求，运用不同的方法进行管理教育，解决各种思想问题，及时化解矛盾冲突，促进高校管理教育和谐融洽。

3. 环境黏合性

以"00后"为代表的高校大学生逐渐成为高校管理育人的重点对象，作为成长在信息化快速发展时代的一代，他们的身上有着强烈的时代优势，比如更加活跃的思维、更加成熟的心态、对事物更强的敏锐性及对日常生活环境紧密的黏合性。在育人的过程中，管理客体所表现出来的自我意识在一定程度上冲淡了管理主体的绝对性，两者呈现出此消彼长的趋势。细看"00后"大学生表现出来的特征，他们大部分是独生子女，经济宽裕、追赶潮流，但从小被捧在掌心导致独立意识缺乏；他们个性张扬、关注自我，但团队合作意识欠缺；他们知识广博，心理早熟，但是抗压能力不足；他们有社会责任感、理性务实，但也可能是精致的利己主义者。这些时代背景塑造的新一代教育客体都导致高校管理育人的难度加大。

同时新媒体的普及改变了传统的教育传播模式，传播主体的"泛化"与学生的"自媒体化"、信息"碎片化"在改变大学生交往模式的同时，也改变了大学生的学习和思维方式。自踏入高校起，大学生的手机、电脑几乎就配置齐全，网络信息的飞速传达、方便快捷使得大学生对网络产生了空前的媒体依赖，高校管理者的教育管理不再是传递教育知识、传播德育典型的唯一渠道，这也给高校日常管理带来了新的挑战和难题。正是这种日益增加的管理内容和日趋复杂的管理状态让高校管理育人的主体更加难以应对。受综合环境的影响，管理客体对传播介质产生了很强的依赖，高校管理主体应当引导其正确辨别网络所传递的价值，同时在平时的管理教育中，利用学生上网浏览的大数据报告，有针对性地对其加以管理引导，使客观环境更好地为管理教育服务。

4. 发展可塑性

所谓发展可塑性，是指管理客体的思想素质可以通过环境的影响和思想政治教育的作用加以塑造，即经过管理教育，使得管理客体内化于心，外化于行，确保其思想行为符合社会要求的变化。管理客体具有可塑性，是因为他们的思想不是先天形成的，也不是一成不变的，而是在社会实践中不断变化发展的，这种发展可塑性为对其进行管理教育提供了可能,是高校能实现管理育人的内在依据。

可塑性可从两个方面来深入理解,一是知觉上的可塑,二是思想上的可塑。在知觉的过程中,一种感觉发生作用,起到另一种感觉所起到的作用,原因在于这两种感觉本身具有同样的因果联系,这就可以说明知觉是可以无限拓展的。认知的同化功能促使管理客体在掌握具体知识的基础。上学习更为抽象的知识,通过概括、归纳和总结具体知识的属性来获得新的认知。从心理学意义上讲,人的知觉是直接作用于感觉器官的客观物体的整体在人脑中的反映。而这正是被客体自身忽略的、难以觉察却需要正视的东西。管理主体与客体之间关系的建立,需要以客体的利益为中心,重视管理客体的知觉可塑性,开发其潜在的知觉意识,这将为管理教育提供可能。管理客体的认识是一个由不知到知、由较肤浅和较片面到较深刻和较全面的无限发展过程,这就是思想上的可塑性。这种思想上的可塑性将推动管理客体实现从现象到本质的飞跃。任何一个人对事物的看法都会直接或间接地影响管理客体的价值判断,继而影响其生活。思想政治教育所提倡的"四有"新人正是体现了管理客体思想的可塑性,这种可塑性使管理客体可以不断接受马克思主义最新理论成果的熏陶,从而实现高校管理育人的目标。

高校管理主体应该以发展的眼光引导管理客体,把握对其实施管理教育的最佳时机,正视教育客体的塑造性,根据他们的个性差异因材施教,从而不断激发管理客体的无限潜能,直至客体主体化乃至"反客为主"局面的出现。

5.反馈及时性

传统的高校管理育人工作需要管理主体、管理客体、管理教育内容在同一时间、同一地点开展,所有要素缺一不可,管理育人的成效反馈能在第一时间通过管理主体实施的育人活动呈现出来。管理育人发生在高校的日常,这种及时的反馈更像是生活现场直播的一部分,直观显现且没有时间误差。管理育人的主体可以在管理现场根据实施的教育活动成效、管理客体的反应做出最基本的判断。这种反馈的及时性给予管理主体现场调节的可能,主体能有效调整相关教育内容,并选择最优方案,提升管理效果。

而"互联网+"时代的到来创新了传统管理育人的模式,给高校管理育人提供了更多的途径,网络媒体的使用也为反馈的同步提供了相应的佐证。因为,从根本意义而言,网络载体的广泛运用使得管理客体的主体性大大增强,信息传播手段和交往模式的创新都促使管理客体平等意识、创新意识的提升。通过网络平台，大学生可以根据自身的意愿自主地学习和娱乐，信息的获取与交流都更依赖自身主体性的发挥。对于管理主体而言，网络媒介的普及也增加了主体进行管理的途径，且网络的便捷性、快速性能有效提升管理的效率。网络媒介的高速发展实质上也是对于主体的一种有效监管。在网络中，管理主体更应谨言慎行，确保管理内容合规合理、有理有据。管理主体可以通过加入班级群、利用微信推送教育内容等途径对教育对象进行线上管理，并且能及时通过留言获得反馈，增强了管理的时效性。当然，网络管理也会存在不可控的情况，过度的依赖也会导致管理客体在一定程度上丧失自主性，同时也增加了高校管理者在网络监管方面的难度。但总体而言，网络化的监管方式依然利大于弊，为管理客体的自主性生长提供了更自由的空间。

第四章 高校辅导员工作基础理论

自 20 世纪 50 年代初期我国建立高校辅导员制度以来，辅导员一直是高校开展管理工作的骨干力量。本章主要阐述高校辅导员工作基础理论，详细论述了高校辅导员的角色功能、高校辅导员的素质要求和高校辅导员的核心职业能力。

第一节 高校辅导员的角色功能

一、高校辅导员角色概述

（一）角色的概念

角色一词原指戏剧中演员扮演的剧中人物。20 世纪 20 年代，美国芝加哥社会学派的代表人物 G.H. 米德把角色的概念引入社会学研究领域，用来说明个体在社会舞台上的身份和行为。H.H. 凯利和 J.W. 蒂博认为，角色是他人对相互作用中处于一定地位的个体的行为的期望系统，也是占有一定地位的个体对自身行为的期望系统。也有学者指出，角色是指与人们的某种社会地位、身份相一致的一整套权利、义务的规范与行为模式，它是人们对具有特定身份的人的行为期望，它构成社会群体或组织的基础。尽管众多研究者研究的角度和表达的方法不同，但对构成角色的三要素的认识还是比较统一的，即认为构成角色的三要素是个体一定的社会地位、社会对个体的要求或期望、个体的行为模式。如今，绝大多数的角色理论专家认为，角色是个体符合社会期望实现其身份的权利和义务的特殊行为模式。

角色是社会对个人职能的划分，它指出个人在社会活动中的地位，在社会关系中的位置，在人际交往中的身份。在很大程度上，人们的行为只能由他所处的背景和地位来决定。因此，角色的基本特征来自每一类角色都有一组由社会为之规定的、由角色行为规范模式决定的并与其所处地位、身份、职位相符合的特殊行为。不同角色相互区别的关键，就在于它们各自具有一组特殊的行为，这些特殊的行为共同构成行为规范模式。也即角色与行为规范模式之间具有一致性，每一种社会角色都有一特定的行为规范模式与之匹配。

在社会系统中，个体扮演的角色不止一种，而是多重角色的统一体。生涯发展大师、著名学者舒伯1976—1979年在英国进行了为期四年的跨文化研究，在其原有的发展阶段理论上加入角色理论，提出了一个更为广阔的新观念，即生活广度、生活空间的生涯发展观。他根据生涯发展阶段与角色彼此间交互影响的状况，描绘出了一个多重角色生涯发展的综合图形，构建了"生涯彩虹图"。也即在生涯发展中，个体总是承担着多种角色。这些角色往往相互联系、相互依存。当个体承担了某一角色后，就需要将其表现出来。这一表现过程往往由对角色的期望、对角色的理解领悟以及对角色的实践三个阶段组成。角色期望，是指社会对处于特定地位的人规定的一套权利义务和行为规范。角色期望是社会对人的行为规范的要求，是外在的。角色期望又叫角色期待，它是社会结构和角色行为之间的桥梁。一个人的角色行为是否符合其所处的地位，要看他在多大程度上遵从了角色期望。社会对角色所持的期望形成了角色规范，为角色行为规定了一般的准则和方式。在现实生活中，人们正是依据社会对角色的期望才能够把握自己的行为，也是按照角色期望来预测和评价他人的行为的。

（二）我国高校辅导员角色的嬗变

每个人都生活在一定的社会中，并在其中扮演相应的社会角色。个人正是通过角色的扮演，与其他角色发生相互作用，从而履行一定的社会责任的。不过，任何一个角色的扮演都是由特定的社会需要所决定的，并随着社会的发展而发生变化。高校辅导员队伍建设是与人民政权建设及高等教育事业同步发展的。辅导员一职从1952年在高校开始设置，经历了我国社会主义改造、全面建设社会主义和改革开放与现代化建设这些历史进程的演变。

在我国，高校辅导员这一角色诞生于特定的历史时期，起初被称作"政治指导员"或"学生政治辅导员"。中华人民共和国成立后，为贯彻教育工作为政治服务的方针，高校建立了政治工作制度。1952年，教育部要求在有条件的高校逐步设立政治辅导处,在学生中实行政治辅导员制度。1953年,清华大学、北京大学提出试点请求。此后,不少高校建立了辅导员制度,辅导员主要承担政治方面的工作,是学生的"政治领路人"。1961年中共中央批准试行的《教育部直属高等学校暂行工作条例》和1965年教育部制定的《关于政治辅导员工作条例》,以法规的形式对政治辅导员的地位、作用、工作任务和职责等都做了明确规定,辅导员的主要任务是辅导学生的政治学习和政治活动。这样,全国各类高校普遍建立了政治辅导员制度。1966年至1976年,我国高校政治辅导员制度遭到严重破坏。十一届三中全会后,政治辅导员制度得以恢复,辅导员工作不再仅仅停留在政治工作上,而逐步向思想政治教育工作转变。在改革开放和社会主义现代化建设的新时期,作为高校专职思想政治工作者,辅导员的身份、地位及工作任务在党和政府的有关政策文件中都有明确规定。1980年,《关于加强高等学校学生思想政治工作的意见》提出,高等学校的学生政工干部,既是党的政治工作队伍的一部分,又是师资队伍的一部分,肩负着全面培养学生的重要任务。这样就赋予了辅导员"双重"角色。1987年,《关于改进和加强高等学校思想政治工作的决定》指出,从事学生思想政治教育工作的专职人员,是教师队伍的组成部分,应列入教师编制,实行教师聘任制。这进一步明确了辅导员的教师身份。

随着社会主义市场经济的不断发展和高等教育大众化的全面推开,高校学生工作发生了新变化,大大拓宽了高校辅导员角色的内涵。教育部党组2000年颁布的《关于进一步加强高等学校学生思想政治工作队伍建设的若干意见》将辅导员的性质定位为学生思想政治工作的组织者和指导者,是高等学校教师和管理队伍的重要组成部分。2004年中共中央、国务院发布的《关于进一步加强和改进大学生思想政治教育的意见》明确指出,辅导员是高校学生思想政治教育工作队伍的主体之一,是学生思想上的引路人,生活中的体贴人,学习上的指导者和心理上的疏导者,辅导员的职能随之拓展,需要"帮助学生解决实际问题",包括帮助困难学生、心理咨询、就业指导、协调人际关系等诸多内容。2005年,教育部发布的《关于加强高等学校辅导员、班主任队伍建设的意见》指出,辅导员是高等学校教师队伍的重要组成部分,是高等学校从事德育工作、开展大学生思想政治教育的骨干力量,是大学生健康成长的指导者和引路人。2006年9月,教育部公布实施的《普通高等学校辅导员队伍建设规定》重申了辅导员具有教师和干部双重身份,将辅导员的身份定位为开展大学生思想政治教育工作的骨干力量。

梳理高校辅导员角色嬗变的历史,可以看出,辅导员的概念和角色具有历史性特征,随着时代的发展和历史的推进而逐渐变化。当前,随着社会的快速发展和高等教育改革的不断深入,特别是高等教育的大众化、高校后勤的社会化,辅导员的工作领域正在不断延伸,角色内涵随之不断丰富。辅导员的称谓由传统的"政治指导员"向"辅导员"过渡,角色定位已从最初单一的思想政治教育者向以指导学生成才为核心的教育者、服务者的多元化方向发展,职责已从单纯地负责思想政治教育扩展为集教育、管理、服务为一体,引导大学生全面、健康成长。

(三)现代高校辅导员的角色期望

每个社会成员在社会活动中都扮演着不同的角色,每个角色都有其相应的权利、义务和行为规范。随着高等教育的快速发展,高校辅导员逐渐进入大众视野,日益引起人们的关注。作为一种职业角色,作为高校学生工作的主力军,辅导员在社会、高校与学生这一网络中处于"结点位置",面对着来自国家、高校、学生的期望和要求。所以,我国高校辅导员的角色要求是多元的,带有一定的复杂性。

1. 国家对高校辅导员的角色期望

要给我国高校辅导员进行准确定位,必须对我国高校辅导员的工作内容和职业性质进行分析和研究,然后归纳出我国辅导员队伍的角色内容。国家对辅导员的角色要求可以通过2006年教育部令第24号文件《普通高等学校辅导员队伍建设规定》体现出来。

(1)角色身份

《普通高等学校辅导员队伍建设规定》指出,辅导员是高等学校教师队伍和管理队伍的重要组成部分,具有教师和干部的双重身份。辅导员是开展大学生思想政治教育的骨干力量,是高校学生日常思想政治教育和管理工作的组织者、实施者和指导者。辅导员应当努力成为学生的人生导师和知心朋友。这从宏观上确定了辅导员在高校育人过程中的角色身份。

(2)工作要求

《普通高等学校辅导员队伍建设规定》明确了高校辅导员的工作:认真做好

学生日常思想政治教育及服务育人工作，加强学生班级建设和管理；遵循大学生思想政治教育规律，坚持继承与创新相结合，创造性地开展工作，促进学生健康成长与成才；主动学习和掌握大学生思想政治教育方面的理论与方法，不断提高工作技能和水平；定期开展相关工作调查和研究，分析工作对象和工作条件的变化，及时调整工作思路和方法；注重运用各种新的工作载体，特别是网络等现代科学技术和手段，努力拓展工作途径，贴近实际、贴近生活、贴近学生，提高工作的针对性和实效性，增强工作的吸引力和感染力。可以看出，教育部对辅导员的工作要求不仅全面，而且标准很高。

（3）工作职责

《普通高等学校辅导员队伍建设规定》涉及的八项辅导员工作职责涵盖了学生事务的各个方面：帮助高校学生树立正确的世界观、人生观、价值观，确立在中国共产党领导下走中国特色社会主义道路、实现中华民族伟大复兴的共同理想和坚定信念。积极引导学生不断追求更高的目标，使他们中的先进分子树立共产主义的远大理想；帮助高校学生培养良好的道德品质，经常性地开展谈心活动，引导学生形成良好的心理品质和自尊、自爱、自律、自强的优良品格，增强学生克服困难、经受考验、承受挫折的能力，有针对性地帮助学生处理好学习成才、择业交友、健康生活等方面的具体问题；了解和掌握高校学生思想政治状况，针对学生关心的热点、焦点问题，及时进行教育和引导，化解矛盾冲突，参与处理有关突发事件，维护好校园安全和稳定；落实好对经济困难学生资助的有关工作，组织积极帮助经济困难学生完成学业；积极开展就业指导和服务工作，为学生提供高效优质的就业指导和信息服务，帮助学生树立正确的就业观念；以班级为基础，以学生为主体，发挥学生班集体在大学生思想政治教育中的组织力量；组织、协调班主任、思想政治理论课教师和组织员等工作骨干共同做好经常性的思想政治工作，在学生中间开展形式多样的教育活动；指导学生党支部和班委会的建设，做好学生骨干培养工作，激发学生的积极性、主动性。

2. 高校对高校辅导员的角色期望

通过查阅高校学工部工作相关资料，发现高校始终以教育部的政策为指南加强辅导员队伍建设，只是在实际的学生工作中，高校对辅导员提出了一些更加具体的角色期望和要求。

（1）思想政治教育与引导

为学生讲授形势与政策课，组织开展多种形式的主题教育，坚持与学生谈话制度，深入了解学生的思想状况，有针对性地开展日常思想政治教育工作和品德行为引导工作。

（2）心理健康教育与指导

讲授心理健康教育课程，举办普及性讲座，开展个别咨询与团体辅导活动，及时发现并协助有关部门处理学生心理疾患而导致的各种问题，努力防止因心理问题而引发恶性事故。

（3）学风建设与学业指导

加强与任课教师、班主任、研究生导师的沟通，全面了解学生的学习情况，帮助学生端正学习态度、明确学习目标、掌握学习方法，促进学业进步。

（4）党团工作指导

协助院（部）党委指导学生党支部的建设，做好学生党员发展和教育管理工作。指导学生团支部开展丰富多彩的主题团日活动，做好团员教育、评议和推优入党工作。

（5）素质拓展指导

加强对校园文化建设和社会实践的指导，依托班级和团支部，组织好学生的寒暑假社会实践活动、服务社区活动、技能培训活动、课外科技学术活动和文体娱乐活动，拓展学生素质，培养学生的创新能力、实践能力。

（6）职业规划与就业指导

帮助学生进行职业生涯规划，促进学生充分就业。

（7）班级建设工作

建立学生班级管理档案，做好学生干部的选拔、培养、考核工作，指导学生班级开展丰富多彩的活动，营造积极向上、宽松和谐的氛围。

（8）日常事务管理工作

坚持公开、公平、公正的原则，做好综合测评、评奖评优等学生日常管理工作。及时了解学生的思想、学习、生活情况，维护学生权益，为学生排忧解难。

（9）宿舍管理工作

经常深入学生宿舍，指导学生营造良好的宿舍卫生环境和文化环境。

（10）安全稳定工作

开展日常安全教育，提高学生的安全意识，及时妥善处理学生生活中出现的各种突发事件。

3. 大学生对高校辅导员的角色期望

学生是辅导员工作的直接对象，他们对辅导员角色的期望是辅导员工作的出发点和落脚点。学生对辅导员的角色期望具有丰富的内涵，包含多种角色。学生对辅导员多重角色的排序依次为，人生发展的导航者、了解学生的善察者、为人处世的楷模、生活上的关怀者、专业学习指导者、心理问题的咨询者、学校与学生之间的协调者、思想政治的解惑者和按章办理的管理者。不同年级学生对辅导员的角色期望仍然存在一些差别，比如一年级学生对辅导员作为"为人处世的楷模"角色的要求不如其他三个年级明显，二年级学生对辅导员作为"专业学习指导者"角色的要求明显强于其他三个年级，而四年级学生对辅导员作为"心理问题的咨询者"角色的要求比其他三个年级学生强烈，这体现出不同年级学生在不同发展阶段其身心发展特点及其发展需求存在差异性。总之，大学生发展需求的多样性和差异性向辅导员传统的单一的管理者角色提出了挑战，同时为对辅导员多重角色的演绎提供了现实依据。

辅导员角色既代表辅导员个体在社会群体中的地位与身份，同时也包含着社会和他人期望辅导员所表现出的行为模式：既包括社会公众、学校管理者和学生对辅导员的行为期待，也包括辅导员对自己应有行为的认识。高校辅导员的角色是社会系统水平上的"特殊行为模式"，是与高等教育结构相适应的特殊角色。

（四）高校辅导员的角色定位

角色定位是指与某种职业相一致的一整套权利、义务和行为模式的总和。任何一种职业都有其特殊的、区别于其他职业的角色定位。对高校辅导员而言，其角色定位包括明确的认知定位、恰当的情感定位、正确的价值观定位。然而在现实中，高校辅导员的角色定位并不清晰，甚至出现了错位，辅导员是教师还是行政管理干部，抑或是并列的两种身份，人们对此争论不休。明晰辅导员的角色定位，是辅导员在其基本职责范围内卓有成效地开展工作的基础。

1.高校辅导员有别于一般的专业教师

辅导员是以指导学生发展为中心工作的教师,但其职责有别于任课教师。按照国家有关文件的规定,高校辅导员是高等学校教师和管理队伍的重要组成部分,辅导员首先是教师。但是,辅导员有别于任课教师。高校辅导员工作以思想政治教育为主线,寓教于学生党团建设、日常教育管理与服务以及课外活动指导之中。其工作内容包括学生思想政治教育、品德教育、学生党团建设、评奖评优、违纪处理、课外活动指导、学生学习与成才指导、就业指导与服务、心理健康的一般咨询与辅导等。这些工作体现了学生工作的性质,是学校教育活动的重要组成部分,其工作内容和方式方法明显不同于任课教师。

2.高校辅导员有别于一般的行政管理干部

辅导员在学生发展过程中肩负着重要的管理职责,但有别于一般的行政管理干部。辅导员在规范学生行为和加强学生党团、干部及社团建设等方面应该承担管理职责,辅导员也需要关心学生的学习、生活和工作,并为改善学生的学习、生活和教育条件向学校提出积极建议,同时应落实国家资助贫困生的各项政策及做好学生成才指导、就业指导与服务等工作。但是,辅导员工作有其特殊性,其任务是通过配置学校有限的教育资源,促进学生全面发展,为社会培养更多的合格人才;其管理主要通过智力活动来进行;其工作性质具有很强的精神性,所以,辅导员工作不是一般意义上的行政管理工作,也不是一般意义上的服务工作,而是一种以用特定方式全面提高学生素质为根本任务的教育活动。辅导员不仅要用自己的知识、经验和感悟辅导学生,寓教于引导之中,也应该以指导学生发展为主体工作,寓指导于辅导之中,以学生事务管理为基础工作,寓管理于服务之中。

可见,高校辅导员的职业身份既不同于教师,也有别于管理干部,而是作为一种独立职业存在。他们从事大学生思想政治教育(包括政治教育和经常性的思想工作)和学生事务管理(包括学生救助、资助等方面的咨询与服务)工作,以服务学生、引导和促进学生全面发展与健康成长为主要内容。

二、高校辅导员的角色扮演

角色扮演指个体根据自己对各种社会角色的理解来调节自己行为的过程。角色扮演是个体社会化的基础,也是个体相互作用的过程。每一个个体都处于社会关系网络之中，占据着多个社会为之规定的位置，具有多重社会角色。高校辅导员也具有多重社会角色。

（一）大学生思想政治教育的引领者

思想政治教育职能延续了辅导员制度创立之初要求辅导员培养学生政治素质的职能，在辅导员的历史发展过程中，开展思想政治教育活动是党和国家对辅导员工作的一贯要求。2004年的中共中央、国务院16号文件《关于进一步加强和改进大学生思想政治教育的意见》明确指出："辅导员、班主任队伍是大学生思想政治教育工作队伍的主体，是大学生思想政治教育的骨干力量，辅导员要按照党委的部署有针对性地开展思想政治教育活动，班主任负有在思想、学习和生活等方面指导学生的职责。"《普通高等学校辅导员队伍建设规定》（教育部24号令）对辅导员八项工作职责的规定中，前三项属于学生思想政治教育职责。可见对大学生开展思想政治教育活动是辅导员的核心职能，高校辅导员努力成为大学生思想政治教育的引领者，既是党的教育方针的要求，也是高校辅导员队伍建设的政治要求。

随着世界多极化和经济全球化进程的不断推进，国内经济体制、政治体制改革的不断深化，以及社会结构的不断调整，我国出现了社会矛盾纷繁复杂，政治、经济和社会生活中不断出现新情况，在这种形势下，大学生的思想容易陷入迷茫和困惑之中。大学时代是大学生人生观、世界观和价值观确立的时期，高校肩负着坚持社会主义办学方向，培养学生成为社会主义事业建设者和接班人的光荣使命，也负有坚持不懈地实施思想政治教育的重要任务。高校辅导员在人才培养过程中，能够坚持正确的政治路线和方向，能够坚持以科学的理论武装大学生、以正确的舆论引导大学生。因此，辅导员要运用马克思主义基本原理、观点、方法引导大学生认识世界、了解社会、辨别是非，提高大学生的政治鉴别力和政治敏锐性。一方面，辅导员需要引导大学生正确认识和理解马克思主义是科学的世界观和方法论，是经过历史和实践检验的真理，而不是过时的理论或教条，从而使其坚定对马克思主义的信仰。另一方面，需要引导大学生用发展着的马克思主义理论去认识和理解不断发展变化的、错综复杂的国际形势，认识和理解当代中国的发展以及发展过程中遇到的各种困难，从而增强对改革开放和现代化建设的信心，增强对党和政府的信任。此外，在实际教育过程中，在理解和灵活运用各种教育策略和原则的基础上针对学生的特点、特定的教育内容创设一定的思想政治教育环境，采取适当的、学生可以接受的、巧妙的方式传授正确的价值观，使学生在各种思潮的相互激荡中明辨是非，站稳立场，追求崇高，摒弃狭隘。

（二）大学生学业发展的引导者

大学教育不仅仅是教给学生必要的现代科学技术和文化知识，更重要的是培养大学生独立学习和获取知识的能力。因此，辅导员需要扮演学生学习引导者的角色，对学生进行必要的学习辅导，使学生培养良好的求知兴趣与态度，养成良好的读书习惯，形成好的方法；帮助学生确立发展目标，制订学习计划；帮助学生按照学习计划和步骤，根据难易程度、感兴趣的领域和准备涉猎的领域选择课程；帮助学生根据各自的情况和特点，有针对性地制订职业生涯规划。另外，辅导员对学生的学习辅导必须具有针对性，以突出工作重点。对大一新生来说，由于专职任课教师偏重于具体课程的指导，学生刚刚进入大学校园，一时不能适应学习方式的猛然改变，因此辅导员有责任从学生长期发展、从学习方法与知识结构等方面进行指导，以发挥其在文化素质教育中的特殊角色作用。具体而言，要求辅导员指导学生从"依赖性"的中学学习方式，向"独立性"的大学学习方式过渡，从理论性强的基础课学习向应用性和实践性强的专业课学习过渡，从学历学习向终身学习过渡。大学新生往往会面临高考压力骤减后的大学生活目标缺乏、对突然增加的自主学习时间不知道如何安排、不适应任课教师"翻页式"的大学教学方式等问题。所以对大学新生进行学习方法和学习能力的辅导尤为关键。辅导员应举办学习技巧讲座、学习经验交流会等，为大学生创造良好的学习环境。高年级学生由于基本掌握了大学学习方法，辅导员的主要任务在于帮助他们构建合理的知识结构和体系。当面对自己不熟悉的学科知识时，辅导员应该保持同任课教师的联系，在学生和任课教师之间做一个协调者。

当然，要成为一个合格的学习引导者，辅导员首先应该是一个倡导终身学习、热爱学习的学习型人才，要体现出严谨的治学精神。不但要有自己的专业研究方向，而且要熟悉和掌握一定的社会科学和自然科学知识。

(三)大学生职业生涯规划的指导者

舒伯是美国著名的职业生涯研究学者,他提出了职业生涯发展的"五阶段模式"学说,根据 GIA 学说,大学生当前处于职业生涯的探索阶段。在探索阶段中又可以细分为三个时期:一是 15~17 岁的暂定期,二是 18~21 岁的转移期,三是 22~24 岁的试行期,大学生这个年龄段处于转移期和试行期。大学生在这两个时期中不断提高个人的能力,在职业兴趣方面逐渐稳定,对未来职业有着较为清晰的规划,有着明确的职业预期。由此可见,大学生进行职业生涯规划的关键时期是大学时期,这个时期也是大学生能力储备的关键期。鉴于此,高校在这个阶段对大学生进行职业规划有着必要性和重要性,高校开展对学生的职业生涯规划指导工作一方面是帮助学生更好就业,顺利走向社会,另一方面这也是辅导员工作的重要组成。

在大学期间,辅导员的参与可以促进学生多种能力的发展,这就使得辅导员这个角色具有非常丰富的内涵。在高校中,大学生对于辅导员的期待是辅导员是人生发展的导师和导航者。因此,作为辅导员首先朝着这个方向去努力。辅导员应该立足于学生个人发展情况、个人的能力、发展需求、社交等情况,有针对性地对学生进行职业生涯规划设计,帮助大学生进行职业选择,明确职业目标。高校辅导员应该根据不同年级、不同阶段的学生开展不同内容和类型的辅导。在面对刚刚进入大学的新生的时候,应该着重对专业情况进行介绍,让学生了解相对应的职业和岗位,与此同时,还应该树立起正确的就业观,帮助学生树立正确的职业理想,引导学生对职业规划进行初步的设计和思考;面对大二、大三的学生的时候,需要有针对性采取辅导,发现学生的个性和不同方面的能力,帮助和引导学生对职业规划进行设计和规划,不断增强学生的就业竞争能力,提前为就业打好基础;面对即将毕业进行就业的毕业生来说,着重帮助和引导举树立切实可行的就业目标,让学生对当前的就业政策、就业形式、就业信息以及面试的技巧等进行了解和明确。

大学生职业生涯规划会贯穿整个的大学生生涯,这是一项系统性的工程。大学生职业生涯指导的内容需要从学生的特长、兴趣爱好、知识技能、学识智商、社交能力、活动能力、情商等出发建立起目标管理体系、综合素质评估体系、校园活动建设体系等,以此,帮助学生树立起职业生涯的短期、中期、长期目标。

首先，辅导员应该引导大学生对自我进行正确的认识，对自我进行正确的评价，明确自身的职业兴趣，不断增强自身的职业竞争力，拓宽知识面，增加就业的机会。其次，鼓励大学生参与社会实践活动，在实践中找寻自己理想的岗位。然后，针对不同的学生开展不同的就业指导，传授求职技巧，鼓励学生参与多种渠道的职业交流活动、校园招聘活动。最后，对大学生开展创新创业教育，积极鼓励大学生进行创业，为大学生搭建创业平台，助力大学生创业成功。

（四）大学生身心健康发展的培育者

对于大学生来说，辅导员角色的期待排在第二的是"善察者"角色。作为高校辅导员应该重视学生对于角色的期待，真正了解学生，走进学生内心，加强与学生的沟通和交流，增强师生之间的理解，让师生之间形成通融性和共识性。只有这样，辅导员才能对学生的生活和学习动态进行掌握，加强与学生的交流，了解学生的特点和需求，根据学生的特点和当前的需求与问题，提供具有针对性的指导，给出建设性的意见。

在当今社会，越来越快的生活节奏，不断增加的竞争压力，使得身心逐渐成熟的大学生面临严峻的挑战，尤其是在心理健康方面的挑战。处在快速发展过程中的学生心理健康问题成为当前社会中越来越需要重视和迫切解决的问题，心理健康教育工作也被提升到了前所未有的高度。《教育部关于加强普通高等学校大学生心理健康教育工作的意见》指出，实施素质教育，落实党的教育方针的重要举措之一就是加强大学生的心理健康教育，大学生的心理健康教育也是促进大学生全面发展的重要手段，是高校教育工作中德育的重要组成部分，是不可忽视的重要工作。一直以来，在高考的压力之下，很多的家长和学校只关注学生的智力教育，并不关心学生的心理健康，忽视了学生人格的健康培养。因为教育对象的特殊性和环境的影响，加之教育目标和高校育人目标的影响，高校辅导员应该成为大学生心理健康教育的重要培育者，引导和帮助大学生养成健全的人格和健康的心理，促进大学生健康成长。

辅导员总在主动地向学生施加影响，这不仅体现为知识传授方面的影响，更为深刻的是对学生心理和人格的影响。心理素质良好、人格魅力高尚的辅导员，其自身的言传身教以及教育活动就可以启发学生的心灵，端正学生的思想，更可以成为一种潜移默化的影响力量感染学生，促进学生积极主动地发展。同时还能使学生对辅导员产生发自肺腑的亲近感、尊重感、信任感和崇敬感，师生共同创造出一种平等、民主、和谐的氛围。

教育界针对大学生实施心理健康教育的主体问题达成了共识，即建立三级心理健康网络。一级网络的组成主要是班级的心理卫生委员及心理卫生骨干，其主要职能是对学生的心理问题进行及时反馈，引导学生进行自助和互助；二级网络的组成主要是班主任、辅导员、院系党总支书记，主要的作用是对学生的心理健康问题进行辅导跟踪，对心理问题进行预防等；三级网络的组成主要是学校心理咨询中心的专家，通过对高校的心理健康教育的目标进行设定，同时制订相应的心理健康教育计划，对一、二级网络进行专业的辅导和指导，针对不同的学生提供具有针对性的咨询服务。由此可见，在三级网络中，二级网络起着承上启下的重要作用，在二级网络中，辅导员是中坚力量。鉴于此，第一，高校辅导员应该积极发挥自身的优势，与学生干部合作，利用各种新兴媒体对学生的心理动态进行及时了解和把握，对学生的群体情绪及时把握，对不同群体的学生心理需求进行明确；第二，帮助学生调整心态，运用心理学的相关知识和技能，帮助学生解决遇到的心理问题，不断提高学生的心理健康水平，增强学生的应变能力和适应能力；第三，引导学生积极参与社会实践，丰富课余生活，发展业余爱好，不断增强体质，进行有规律的生活，在心态上保持积极乐观；第四，辅导员要努力与学生打成一片，成为他们的朋友，对大学生在实际生活中遇到的困难积极细心地帮助解决，在沟通与交流中，引导他们朝着积极向上的方向发展，勇敢面对生活中的挫折，乐观生活；第五，辅导员可以使用心理咨询、心理测试等方式，以及组织如学习促进会、爱心访谈会、特困生帮扶等集体活动，引导大学生融入集体生活，树立正确的生活观。

（五）校园文化的创造者和促进者

所谓的文化，是人类在社会发展过程中创造的物质财富和精神财富的综合，不仅包含知识、观念、信仰、道德、法律、艺术、习俗，还包含其他一切个体所应具备的习惯、能力。校园文化属于文化中的一种，是从属于社会文化的亚文化，校园文化的基础是社会文化，核心是精神文化，以校园为空间，主体是学校的师生，载体是师生的实践活动和校园环境，校园文化是一种社区性的群体文化。从社会学入手，校园文化可以对学校师生的思想和行为进行约束和规范，进而推动整个社会文化的前进和发展；从文化学来看，校园文化不仅仅是精神的，还是物质的；不仅仅是具有科学的知识，还具有娱乐、审美等文化的知识；不仅仅包含课堂上的学习活动，还包括课外实践活动。从学校自身出发，学校是一个人文环境、道德风貌、文化气质、科学氛围等和谐统一的有机整体，如果只是对知识进行传授，很难展现教育成效，达到预期的教育成果，因此，建设校园文化，让大学生在潜移默化中陶冶情操，完善人格。建设积极向上的、健康的、丰富多彩的校园文化活动，一是有利于凝聚大学生精神，陶冶情操，成为思想升华的重要载体；二是有利于为大学生打造成长成才的重要舞台和机会；三是高校进行素质教育和德育的重要基地。相对于课程教学来说，大学生道德素质、心理素质的形成方法，校园文化活动更为有效。

通常来说，大学生在经过校园文化的熏陶之后会形成更加深刻的素质。高校辅导员是校园文化活动的重要组织者，参与者，同时也是一定活动的策划者和决策者，主要原因在于高校辅导员工作的一项重要内容就是对大学生开展校园文化活动进行指导。对此，高校辅导员应该组织和策划积极向上的校园文化活动，引导校园文化，在活动中引导学生形成正确的世界观、人生观、价值观、道德观以及审美观，同时让学生在活动中不断提高自身的素养，增长见识，增加阅历。总而言之，辅导员应该积极组织和策划丰富多彩的、积极向上的校园文化活动，为大学生的健康成长打造良好的娱乐、生活、学习环境，进而使高校的文化育人功能得到加强和落实。

在校园生活中，辅导员还是学校与学生意见的沟通者与协调者。辅导员在处理学校和学生的关系时，不应偏离或违背学校的意愿导致自己的利益受损，也不应违背学生的意见使自己在学生中的威信、影响力下降。辅导员应看到学校与学生根本利益的一致性，本着实事求是的原则处理两者的冲突。一方面要使学生的发展需求和实际困难得到校领导的重视，得到管理部门的关注；另一方面还需要让学生明确学校的实际状况，让学生明确学校工作的整体性、全局性和复杂性，争取让解决问题朝着互利共赢的方向发展。

(六)大学生社会化进程的引导者

所谓的社会化,主要指的是个体在与社会的相互作用中,对社会文化的适应和吸收之后成为合格的社会成员的一个过程。社会化可以通过个体的积极活动,发展自我意识以及与人交往来实现。在与社会环境的相互作用中,个体需要对社会中的技能、知识、道德、价值观念、行为规范等进行掌握,是一个自我完善和自我发展的过程,也是个性形成的过程,成为该社会成员所要求的资格的过程,是一个从生物意义上的自然人转化为社会属性的人的过程。

大学生成人化、社会化的重要阶段就是大学时期,辅导员是高校学生工作的教育者、组织者、管理者,因此,在大学生大学期间进行社会化的过程中发挥着重要的作用,引领者大学生的社会化进程。在大学,辅导员可以起到榜样示范作用,大学生会认同和模仿辅导员的价值观、人生观、行为方式等。在高校中,教师应该是大学生的教育指引者和道德指引者,帮助大学生在各种价值观和海量信息中坚定自我。在整个的育人过程中,辅导员有着重要的任务,引导和教育学生,传递社会文化价值和社会标准,将社会的外在诉求转化为大学生的自觉的行为;通过对学生进行法律教育、进行校规校纪教育,举办主体思想教育活动,让大学生树立起责任心,具有纪律性;对于大学生的行为进行规范和约束,可以通过精神文明建设活动以及行为规范活动来实现;为了陶冶大学生的情操可以通过形象设计活动来实现。

第二节 高校辅导员的素质要求

一、"素质"含义探讨

(一)生理心理学概念

对于"素质"一词有多重界定,"素质"一词在《辞海》中的解释为"素质是白色的质地"和"本质"。《心理学大辞典》认为,"素质一般是指有机体先天具有的某些解剖生理特点,主要是神经系统、脑的特性,以及感官和运动器官的特性,是能力发展的自然前提和基础"。素质是心理活动发展的前提,离开这个物质基础就谈不上心理发展。素质以人的生理和心理真实为基础，以其自然属性为基本前提，这就表明个体存在着素质上的差异，这种差异是由个体不同的生理和心理成熟水平来决定的。素质在后天一定的教育和环境影响下逐渐发展形成并日趋稳定。

谈到高校辅导员应具备的素质，这里的"素质"一词不仅仅是一个生理学和心理学上的概念，它还包括教育学上的含义。当然，在教育学中，素质本来是作为教育的一个生理和心理前提，即所谓的先天遗传素质，这是教育学上延伸素质概念的逻辑起点。但"素质"本身，是一个具有模糊性的概念，它可以被高度而抽象地概括，被深入而浅出地意会，但不利于操作和量化。对于辅导员"素质"的要求，却是一个操作性和意会性都很高的人文行为，但素质本身的模糊性使这种要求变得比较困难。这里讨论的素质，是一种由人的实践活动、实践过程以及实践目标所决定了的，体现具体的实践环节、实践效果、实践影响的能力。

（二）高校辅导员面临的素质要求

高校辅导员面临的素质要求，与他们所处的社会大环境和教育的发展是密切相关的。与之前相比，无论是教育环境、教育对象还是教育目标导向，都发生了很大的变化。

1. 教育环境的新变化

教育环境是一种特殊的社会环境，既在宏观上制约着个体发展的方向以及水平，又对个体发展有着直接的影响。

教育环境既包括社会环境、人文环境，也包括校园环境。科学技术突飞猛进，信息技术和网络技术不断普及，国家不断加大对教育的投入，学校教育的软硬件配套设施不断得到补充和完善，青年受教育程度普遍提高，高校服务社会、社会服务高校的校地共建模式使得学生在成长过程中能够获取更多的教育资源和教育机会等，这些巨大变化对于大学生来讲，产生了不容小觑的影响。社会转型发展取得巨大成功的同时，会产生一些矛盾，会使某些个体利益受到一定的损害，如分配制度不完善、贫富差距偶然存在等。同是校园里接受高等教育的大学生，其存在着经济条件的天壤之别，经济困难的大学生数量已占相当大的比重。而相对严峻的就业环境也对教育提出了很高的要求。网络的普及，使得很多自由思潮泛滥,不良的思想在心理并不完全成熟的大学生中产生了一定的影响,甚至左右了他们的判断。这就对高校辅导员的能力素质提出了很高的要求。

教育同时也受到家庭的影响。"父母是孩子的第一任老师",父母的价值判断、言谈举止、性格特点、处理问题的态度常常会潜移默化地影响自己的孩子。

家庭环境的变化主要表现在以下几点。

（1）家庭收入差距拉大

不同收入水平的家庭其环境有很大差异。有的家庭拥有别墅洋房,但有的家庭三代同住一间小得可怜的房子,人均居住面积还不足10平方米。收入的差距导致家庭的环境迥异。

（2）父母对孩子的影响

享有改革成果并能较快适应社会转型的家庭,父母对于社会的看法也许会趋于积极和理性。但也存在为了适应改革而再就业的家庭,其承受的压力会相对大一些。无论怎样,父母都会给孩子带来很大的影响。

（3）家庭对孩子的期望值更高

计划生育的基本国策使得大多数家庭把所有的希望都放在了仅有的一个孩子身上。"苦什么不能苦孩子"的说法就是一个真实写照。一个家庭在孩子培养上的投资是巨大的,而这种投资所希望的回报也是很高的。这种高期望导致孩子很多时候不能按照自己的意愿成长,父母把自己未遂的梦想强加于孩子身上,"成龙成凤"的心态在绝大多数家庭中都存在。

（4）特殊家庭往往会影响孩子的健康成长

不断提高的离婚率对孩子的成长发展会造成很大的负面影响。单亲家庭或许会使孩子早熟,但或许也会使孩子的心理发展不够健全,这些或多或少都在影响孩子的成长。

2.教育对象在发展

大学生普遍文化程度高,有自己独特的兴趣,但人生阅历相对较少,虽然有很强的自主独立意识,但自理能力相对较弱。

大学生中独生子女占多数。这些大学生个性鲜明,特征明显,他们身上寄予了全家人的希望,他们对于未来的生活充满了斗志和信心,积极向上、乐观开朗,有着"初生牛犊不怕虎"的勇气和魄力,能够为实现自己的理想去打破常规。但是在"理想照进现实"的过程中,暂时的挫折和失败也很容易使他们产生沮丧、逃避的心态,在自我情绪调整上有欠缺。他们追求理想但又害怕失败,他们崇尚传统但又特立独行,他们极具批判精神但又缺乏明辨是非的能力,他们身上体现着矛盾性。

面对这样的学生,如何更好地把握思想政治教育的方式、方向以及路径,是对高校辅导员提出的一个很大的挑战。

改革开放的不断深化,必然会带来收入差距拉大等社会问题,深深影响着人们的思想和价值观念。大学生从入校开始,就承受着学习、就业、竞争和经济等各方面带来的压力,再加上信息化程度不断加深,社会经济竞争愈演愈烈以及对经济利益的不正常追求,错误的舆论引导等都很容易让部分大学生产生不正常的金钱观和攀比心理,他们只想"一夜暴富""一夜成名",希望出现"快餐式"的成功,忽视长远的规划,只满足于当下……这些因素都给辅导员工作带来了挑战,对辅导员素质的要求也更高。

3. 教育目标导向的变化

传统教育更多关注文化知识的传授而较少关注学生个人的发展。高校教育面对的是鲜活的极具自我意识的新一代大学生,在经过学校教育之后会走向社会不同岗位扮演不同的社会角色,同样的教育路径需要培养出不同的社会人,他们都会拥有自己独特的人生轨迹,扮演不可替代的社会角色,这就表明教育需要强调个性化。教育不仅要促进社会的发展,还要关注个人自身的发展,"以人为本"越来越成为大多数高校认同的培养理念。这就要求教育的形式要大胆创新,内容要与时俱进,要凸显个性,教育要体现创造性而绝非"流水线式的生产"。"每个人的自由发展是一切人自由发展的条件",这是一种价值判断上的巨大转变。我们要把学生培养成富有创新精神的人,而不是过去的考试机器。我们要更好地把人文精神与科学精神统一起来,使学生能够在复杂、多变的社会环境里正确地进行知识选择和创新。

学生在"以人为本"的教育导向下,对教育有了更多的参与性和选择性,这种选择机会包括学习时间、学习方式以及学习内容等,学生的主体意识得到了空前的提高,学生获得了极大的学习自由。

在弘扬人文精神、唤醒主体意识、重视个体价值的导向中,如何做好高校大学生的思想政治教育工作？如何更好地实现对大学生的教育和服务？这些问题都对高校辅导员的素质提出了更高的要求，这种素质要求具有鲜明的时代特点，它要求高校辅导员成为青年大学生的学习导师、职业导师和人生导师。

二、高校辅导员素质发展的动态要求

随着社会的发展，高校辅导员的工作内容越来越丰富，涵盖面也越来越广泛。直至今日，辅导员的工作内容包括了思想政治教育、党建和精神文明建设工作、日常事务管理工作、心理健康教育、突发事件应急处理等。虽然工作繁杂，但责任很大，要求也很高，这就对每一位辅导员提出了极高的要求。

目前，辅导员年轻化是一个显著特点。高校辅导员队伍建设逐渐走向职业化和专业化，需要具有专业知识和实践经验的人才来提高辅导员队伍的理论水平和整体素质。越来越多的年轻辅导员走上了工作岗位。他们生活在社会转型期，生产关系急剧变革、经济飞速发展、现代化程度越来越高、网络迅速普及、经济全球化的影响越发深刻，多元的社会文化和思想冲击着新一代青年人的行为方式和思维习惯，对他们走向社会产生了很大的影响。

他们走向高校担任辅导员，必将会直接影响学生的世界观、人生观和价值的形成。辅导员与学生之间年龄上的接近、生活轨迹的相似，在做学生工作时有得天独厚的优势。但是，由于辅导员承担的事务性工作较多，客观上压缩了辅导员自身的政治理论学习时间，在理论方面掌握的知识不够全面，从而使得自己的政策、理论水平不高，有时在解决学生的实际问题的时候，缺乏理论指导和思想武器，力不从心，没有说服力。同时有一些新进辅导员是刚刚毕业的研究生，相对缺乏社会历练，自身的社会阅历和理论修养不足，很难在学生当中树立威信，更谈不上影响力和感召力了。

因而，高校辅导员首先要具备过硬的政治素质，坚定立场，坚定信念，能及时有效、准确地把握时代脉搏。同时要有健全的人格，令人敬佩的个人修养，勤思考、大胆创新，而且要有坚强的意志、排除干扰的能力，在平凡中感悟幸福的乐观主义精神。这就是下面要讨论的政治理论素质、个人修养以及心理素质等。

（一）加强政治理论学习，把握发展动向

高校辅导员有时也被称为思想政治辅导员，政治素质是从事辅导员工作的灵魂，如果缺失了政治素质，就缺失了方向，就失去了引领，他的工作开展情况，必将令人担忧。高校辅导员的世界观、人生观和价值观以及政治立场和政治态度，直接影响学生的思想觉悟、道德标准的形成。辅导员本身要拥护党的领导，热爱社会主义祖国，坚持四项基本原则，保持清醒的政治头脑，具有鲜明的政治态度和坚定的政治立场，掌握正确的政治观点，具备较高的理论素养。在政治上明辨是非，保持政治敏锐性，在各种大是大非面前具有洞察力和判断力。

（1）作为一名高校辅导员，只有认真学习马列主义、毛泽东思想、邓小平理论、"三个代表"重要思想、科学发展观、习近平新时代中国特色社会主义思想，具有较高的理论修养，才能深刻理解党的路线、方针和政策，要在青年大学生中做好党的理论和政策的传播者，确保育人工作的方向性。

面对大学生在政治上追求进步的热情，辅导员唯有具备良好的政治素质，才能因势利导，保护好、引导好学生的政治热情，推动学生党建和思想政治工作顺利开展。

目前，高校新进辅导员的政治身份均要求是中共正式党员。但由于辅导员年龄构成呈现年轻化态势，所以党龄相对较短，没有经历过严格的党内生活和党性锻炼，部分辅导员会存在政治信念、政治立场不够坚定，对理论学习不感兴趣，理论素养较差等现象，他们有时不善于运用马克思主义的立场、观点、方法去分析和解决问题，给青年学生带来了不利影响，甚至也会给学生党建工作带来一些不利因素，有时难以保质保量地开展培养、考察、发展党员的工作，难以对学生进行有效的思想政治教育。所以，辅导员只有具有较强的政治素质才能顺利开展本职工作。

（2）辅导员要关注时事政治，了解国家大事和社会热点、焦点问题，掌握社会舆论动向，并能做出正确的判断，从而引导学生的思想和行为方向。同时，辅导员要能占领网络阵地，在虚拟网络空间第一时间把握学生的思想状况和言论动向，具有发现问题的敏锐性。社会瞬息万变，网络畅通使得各种信息汹涌而至，辅导员要能够去伪存真，给学生提供及时的、有说服力的解释和引导，这是对辅导员政治素质的很大考验。大学生是一个思想极为活跃、占有极大信息量的群体，

辅导员也只有及时更新知识，准确把握学生发展动向，才能使思想政治工作占有主动性并立于不败之地。

（3）辅导员自身政治素养的培养和提高，是为了更好地教育、服务大学生，将学生培养成国家需要的合格建设者和接班人。因而在自我加强政治理论学习的前提下，更要有传递、交流和教育的意识和能力。要能够运用一定的管理知识和策略开展工作：社会的发展使得大学生的个性特征有着显著的变化，这就使得辅导员的工作难度也不断增加。辅导员的工作要从管理教育逐渐向服务引导转变，一味地强制说服只会让学生产生逆反和抵触情绪。辅导员要能举一反三，以一种喜闻乐见的方式和途径教育学生，能深入浅出地讲解党的路线、方针和政策，要能够充分尊重学生的个性，并最终真正发挥思想政治教育的作用，引领大学生成长、成才。

（二）提升个人修养，拓展思考维度

（1）提升个人修养首先要提高道德素养，着眼于辅导员职业道德的养成。辅导员工作是个"良心活儿"。在辅导员工作中，"良心"其实就是内在的职业道德和素养，这份"良心"能让自己耐得住寂寞、顶得住压力。"硕士毕业就当个辅导员？亏不亏？""忙里忙外像保姆一样"……这出自家人的询问，出自朋友的疑惑，更多地出自学生的无心之问。这种疑问可能会让辅导员对自己的坚持产生动摇，对自己的所有努力产生怀疑。但是，辅导员靠的就是一种对工作的热爱和忠诚，有些辅导员在待遇不高、发展前景不清，社会认知度受到质疑的时候，甚至还会遭到学生的投诉，但仍然勤勤恳恳工作、任劳任怨，靠的就是其内心的职业道德和职业素养。

（2）辅导员要引导学生注意校园文明，自己首先应是文明规范的遵守者。注重自身的举止文明，工作负责、为人正直、待人热情，正在成长中的大学生，随时都在用自己的双眼观察辅导员的一言一行，辅导员随时随地都在自觉不自觉地影响他们，成为他们模仿和学习的榜样。也许回到自己的家里，这些同为年轻人的辅导员也会回归"孩子"，也会撒娇、"会耍赖"、会逃避、会偷懒，但是这个岗位的要求使得他们必须迅速成熟，迅速在自己的学生中树立威信，成为他们的人生导师。

（3）热爱学生是做好工作的前提。有的辅导员对学生工作缺乏正确的认识，认为从事学生工作层次比较低，工作效果不能立竿见影，因而对工作的积极性不高，投入的精力不足，应付了事，更谈不上主动思考，开拓创新。辅导员对工作是否投入，直接关系到他所服务的学生是否能够更好地学习生活与健康成长，因此，辅导员的工作态度格外重要。要把学生放在第一位，时刻想着学生，不计较个人得失，真正急学生之所急，想学生之所想；要能够克服个人因素全身心地投入关爱学生、服务学生的工作中；要像对待自己的孩子一样对待学生，为学生取得的每一次成绩骄傲，也为他们偶尔的退步担忧；要在学生寻求帮助的时候伸出援助之手，做好人生导师的角色；要经常地与学生交流，走进学生的心里，仔细观察学生的变化，有针对性地给予指导。

（4）由于高校思想政治教育面临的社会环境处在不断变化之中，辅导员的工作在管理和服务方面也要与时俱进、积极创新。在教育方式上要更多地采纳大学生感兴趣的手段。例如，现在比较盛行的微博等网络模式，拓展思想教育的渠道和平台，把握思想教育的主动权，深入了解学生的关注热点、情感特点等，保持网络信息渠道的畅通和更新。重视开展网络思想政治教育，以活泼、生动的方式开展爱国主义和集体主义教育。这些都要求辅导员要扩展教育的广度和深度，全方位地提升思想政治教育的针对性和有效性。

（三）增强抗压能力，提高幸福认同感

（1）抗压必然是因为已经存在巨大的压力。辅导员工作的压力来自方方面面。从外部讲，学生的成长和学业的完成是压力，家长对学校教育过高的期望是压力，千头万绪的工作及时有效地完成是压力；同时还有来自内部的压力，自身的成长和发展是压力，还有横向相比，与身边同龄人的竞争，也是给自身的压力等。由于新任辅导员相对是一个年轻人的集合，相互比较的压力也是不可回避的。在工作中还存在出力不见成效、努力不得回报的时候，每当遇到这些时候，抵抗压力、排解压力的能力就显得尤为重要。

（2）作为一名高校辅导员，首先就要对这个岗位有明确的定位和认识，对其职责要有全面充分的把握。但是，相当一部分辅导员把自身岗位当作"暂时性职业"，是就业的"缓冲地带"，会随时寻找机会变换工作；聘任辅导员的流程比较宽松，有些辅导员对工作的内容和途径、方法等缺乏了解，更说不上在此岗位上做出一番事业了；有些辅导员把工作简单化，认为只要把日常学生管理工作做好，或者被动地应付日常事务就行，思想政治教育工作没有得到足够的重视；有些辅导员责任心不强，认为只要"不出事"就可以顺利完成工作，工作态度比较散漫，不够细致、认真；个别辅导员自身修养不够，不能以身作则、言传身教，在学生中造成了不良影响。这些情况的存在，既是辅导员自身面临的问题，从某种意义上说，也是辅导员自身面临的压力。

（3）幸福感的研究在国外比较早。国内的幸福感研究可以追溯到20世纪80年代。到了90年代，幸福感研究从中老年群体扩展到其他年龄段和职业群体中。幸福是一种能力，是一种有关幸福实现的主体条件或能力，是人们在社会的一定物质生活与精神生活中由于感受或意识到自己预定的目标和理想将要实现而引起的内心满足。

那么针对辅导员工作，增加幸福感首先就是要增强对岗位的认同感，要能充分认识到辅导员工作的重要性和崇高性，以及它对于大学生成长成才所具有的意义和作用，只有这样，才能从心底里重视这份工作，热爱这份工作。不能总是讲报酬、讲代价，更多的是要谈奉献、谈意义。因而，辅导员必须要发自内心地热爱这份工作，对事热心，对人热情；具有一定的牺牲精神，在学生工作中投入大量的精力和时间，碰到复杂状况或者难以解决的问题，要有无私的奉献精神，要有坚韧不拔的品质，要有全局意识和宽阔的胸怀，要有良好的工作作风和高尚的伦理职业道德要能与学生同甘共苦，做到公平公正、刚直不阿、光明磊落、坦诚待人。只有这样，辅导员才能真正在工作中体验成功，收获幸福感，提高工作的幸福指数。

提升幸福感不只是一句口号，它受到辅导员的性别、年龄、受教育程度、工作年限以及收入差别等诸多因素的影响。同时更受到辅导员自身对工作的认识、认同和自我评价的影响，也受到社会给予辅导员工作的评价和定位的影响。辅导员要学会自我调适、缓解压力、调整心态，提高幸福感。

一名优秀的辅导员，必须愿意为学生倾注自己的全部心血。辅导员工作是一种默默无闻、潜移默化的育人教育，它需要积极主动的工作精神，需要倡导乐于奉献、作风民主、言行一致、谦虚谨慎、联系群众的思想作风和工作作风。辅导员要有敬业爱岗精神，真正做到"敬业爱生""立德树人""励学笃行"。

第三节 高校辅导员的核心职业能力

辅导员职业能力是职业能力概念的推演。作为职业能力的一种特殊形式，辅导员职业能力在一般意义上都具有职业能力的上述特点，同时它又体现出履行辅导员职业使命的特殊要求。很多研究者都对辅导员职业能力概念进行了探讨，虽然研究者对其内涵表述各异，但在实质内容上并无根本差别。这里借用吉林大学李忠军教授对辅导员职业能力的理解，他认为："高校辅导员职业能力是高校辅导员履行高校学生工作职责、做好大学生思想政治教育工作所应具备的专业知识和专业技能的统称。"[①]

完成辅导员职业使命的诸多职业能力就构成了辅导员职业能力体系。探究辅导员职业能力体系，不仅能让我们明晰辅导员职业能力的具体构成内容，还能清晰反映各项职业能力之间的关系，有助于我们更准确地把握辅导员核心职业能力。纵观现有的辅导员职业能力的构成，受国家职业能力划分标准影响，研究者们大多将辅导员职业能力划分为行业通用能力、岗位特定能力和职业核心能力三大组成部分，且都比较推崇将核心职业能力置于最里层的辅导员职业能力洋葱结构模型。但是，即使是相同的辅导员职业能力结构模型，研究者却对辅导员核心职业能力持截然不同的理解，有两种比较典型的观点：一种观点认为，处于辅导员职业能力洋葱结构模型最里层的核心职业能力是通用性很强的职业能力[②]，另一种观点认为，处于辅导员职业能力洋葱结构模型最里层的核心职业能力是辅导员专属的思想政治教育能力[③]。

相对于辅导员职业能力体系中的其他职业能力而言，辅导员核心职业能力是

---

① 李忠军.以职业能力建设为核心推动高校辅导员队伍专业化发展[J].思想理论教育，2014（12）：97-102.

② 蒲清平，白凯，赵楠.高校辅导员职业能力评价研究[J].高教发展与评估，2011，27（04）：95-100.

③ 刘金华.高校辅导员职业能力结构分析[J].高校辅导员，2010（03）：18-21.

辅导员履行辅导员岗位职责所需要具备的最重要的职业能力。相对于从业人员而言，辅导员核心职业能力是辅导员必须具备的职业能力，是辅导员不同于其他岗位从业人员的重要标识，也是辅导员区别于其他高校大学生思想政治教育主体的重要依据。相对于职业而言，辅导员核心职业能力是有别于胜任其他职业所需的最重要的职业能力。辅导员核心职业能力是仅针对完成辅导员职业任务而言，是与完成其他职业任务所需职业能力的"立异"的职业能力。从属性来看，辅导员核心职业能力是专门针对其履行辅导员职责而言要具有的专业属性的职业能力，而不是适应于多个职业的通用性职业能力。从功能来看，辅导员核心职业能力是辅导员履行首要岗位职责而非履行次要岗位职责所需具备的职业能力，是辅导员职业能力体系中统领性的职业能力而不是奠基性的职业能力。

一、高校辅导员核心职业能力的特征

要全面把握辅导员核心职业能力，我们还需要进一步研究辅导员核心职业能力的特征。将辅导员核心职业能力作为一个整体置于辅导员职业能力体系之中，在与非辅导员核心职业能力相比较而言所体现出的个性特质，即辅导员核心职业能力的特征，其特征主要有专门性、统领性和不可替代性。

（一）专门性

专门性是辅导员核心职业能力最显著的特征。辅导员核心职业能力之所以具有专门性，是与辅导员核心职业能力承担的独特职业任务直接相关的。辅导员核心职业能力是专业性的职业能力，不是人们通常理解的通用性职业能力。专业性是针对某一特定领域、范围、对象所特有的属性，辅导员核心职业能力也是针对辅导员职业这一特定的职业范围、职业使命、职业任务的关键能力，因而它具有专门性的特征。

辅导员核心职业能力的专门性，体现在辅导员职业使命的独特性上。从辅导员核心职业能力的内涵中我们可以看到，辅导员核心职业能力是针对其履行首要的辅导员的职业任务而应当具有的职业能力，这一内涵界定非常明确地限定了辅导员核心职业能力的"履职"范围。在辅导员职业内容上，有研究者认为，当前的辅导员职业已涵盖了教育、管理、服务、咨询和研究等多样化的职能，涉及思想理论教育和价值引领、党团和班级建设、学风建设、学生日常事务管理、心理健康教育与咨询工作、网络思想政治教育、校园危机事件的应对、学生的职业规划与就业创业指导、理论和实践研究九大主要工作职责。在辅导员职业角色上，辅导员不仅是大学生思想政治教育的骨干力量、大学生的人生导师，还是学生学习、生活的管理者和学生学习、生活的服务者。辅导员的工作可谓是"上面千根线，下面一根针"，与学生相关的方方面面都成为辅导员工作的职责范围，其工作内容复杂，头绪繁多，要履行的职业任务众多。而众多的辅导员职业任务并非都处于相同等次，而是有重要程度之别的。辅导员核心职业能力就是其履行辅导员首要职责任务的职业能力，而并不涉及其履行其他次要的、一般的职业任务。换句话说，辅导员核心职业能力只针对辅导员首要职业任务，而不针对辅导员的其他职业任务，辅导员核心职业能力履行的职业任务有特定的范围限制。因此，从履行辅导员职业的独特使命的角度来看，辅导员核心职业能力具有专门性的特征。

辅导员核心职业能力的专门性，还体现在实现辅导员职业目标的针对性上。"职业能力是针对一定职业的能力，离开了一定的职业方向，就谈不上职业能力的存在。"[①] 辅导员职业能力是针对辅导员这一特殊的职业而所应当具备的职业能力，而辅导员核心职业能力是在辅导员职业能力范围内的进一步限定，是辅导员为了履行辅导员职业的首要岗位职责而应当具备的职业能力，它被深深烙上了辅导员职业的印记，是与其他职业的核心职业能力有着明显差异的职业能力。如果辅导员的核心职业能力与高校思想政治理论课教师的核心职业能力是相同的，岂不是辅导员承担的职业任务与高校思想政治理论课教师承担的职业任务也相同？然而事实并非如此。辅导员核心职业能力的专门性，就体现为它是履行辅导员职业的首要职责而应具备的职业能力，是完成辅导员职业目标所必须具备的职业能力，该职业能力并不适用于其他职业，或者说该职业能力并不能完成其他职业任务，并不能实现其他的职业目标。辅导员核心职业能力是完成辅导员职业目标而应当具备的"专有"的职业能力，具有专门性。

---

① 邓泽民，陈庆合，刘文卿.职业能力的概念、特征及其形成规律的研究[J].煤炭高等教育，2002（02）：104-107.

辅导员核心职业能力的专门性，体现在与辅导员通用职业能力相比较的差异性上。通用职业能力与辅导员核心职业能力都是辅导员职业能力的组成部分。顾名思义，通用职业能力是在多种职业、相近的职业群，甚至所有职业领域都应具备的一些能力。夸张地说，通用职业能力没有独立存在的意义，它只是某一特定职业能力的基础，只有当它被融于特定职业时才被赋予了真正内涵。而辅导员核心职业能力则不同，它是只适合于辅导员职业的职业能力。只具备辅导员核心职业能力的人要去担任高校思想政治理论课的教师、其他专业课程的教师，是不合格的。从辅导员核心职业能力与辅导员通用职业能力的比较上，可很明显显示出辅导员核心职业能力的专门性特征。

（二）统领性

统领性，是指辅导员核心职业能力对辅导员其他职业能力的统筹率领的作用，辅导员核心职业能力具有指导性、领导性和决定性。辅导员核心职业能力之所以能成为"核心"，很重要的原因就在于该职业能力有统领性。在辅导员职业能力体系中，通用职业能力、专项发展职业能力和核心职业能力各有分工，所对应的职业任务各有侧重。它们之所以能形成一个整体，就在于辅导员核心职业能力有统领的作用。处于辅导员职业能力体系中的各部分的职业能力，不是各自为阵地去完成板块式、片段化的职业任务，而是在核心职业能力的统领下，分工协作，密切配合，共同完成职业使命。所以说，辅导员核心职业能力表现出统领性的特征。

辅导员核心职业能力的统领性，是由它所承担的首要职责任务所决定的。辅导员核心职业能力是完成辅导员职业使命中核心的、最重要的部分所要具备的职业能力。因此，辅导员核心职业能力所承担的职责任务就成为其他辅导员职业能力完成职责任务的风向标，其他职业能力所完成的职责任务只不过是辅导员核心职业能力所完成的职责任务的补充。辅导员核心职业能力的统领性体现在两个方面：一是体现在它对其他辅导员职业能力的导向作用上，二是体现在它对其他辅导员职业能力的整体统筹作用上。

第一，辅导员核心职业能力对其他辅导员职业能力的导向作用，即它对其他辅导员职业能力完成职业使命的方向的把握。辅导员核心职业能力对通用职业能力的导向作用显而易见，因为通用职业能力是需要依托于一定的职业要求才具有实质意义的。正是通过辅导员核心职业能力的引导，通用职业能力才能服务于辅导员职业使命的履行。专项发展职业能力是辅导员未来职业发展可以拓展和深化的职业能力。一定程度上，每项专项发展职业能力都可以单独运行。但是，辅导员核心职业能力所具有的导向性，使其各项专项发展职业能力在完成岗位职责时都一致服务于辅导员职业的首要职责任务。正是因为这一特点，我国辅导员制度才能一直保持它的独特性，而不是复制国外的学生事务工作者制度。也就是说，辅导员履行诸如心理咨询、学业指导、就业指导、创新创业教育等职业任务，都是以服务于辅导员的首要职业使命为先决条件，是以辅导员核心职业能力完成的职业任务为参考的。为此，辅导员核心职业能力的统领性，就如同辅导员职业能力体系的车头，带领着其他辅导员的职业能力一起完成辅导员的职业任务。

第二，辅导员核心职业能力对辅导员其他职业能力整体统筹的作用，即它对辅导员其他职业能力完成职业使命时的力量聚集的作用。辅导员核心职业能力在实现对其他职业能力履行辅导员职业任务的方向进行掌控时，也是聚集这些职业能力完成职业任务的力量的过程。在此，主要是它针对专项发展职业能力的力量聚集。辅导员核心职业能力本身并不能全部履行完成辅导员的职业任务，而是在它的统领作用下，发挥其他辅导员职业能力的协同优势，共同致力于完成辅导员职业任务。如果没有辅导员核心职业能力的引领作用，仅发挥各专项发展职业能力作用而完成职业任务，难免会使我国的辅导员制度滑向国外的学生事务工作制度，偏离我国辅导员制度的初衷。正是基于辅导员核心职业能力的统领性，它聚合了其他辅导员职业能力的作用力，才坚守住了我国辅导员制度的独特性。其他辅导员职业能力除了完成各自的职业任务，就是要在辅导员核心职业能力的统领下，形成一致的力量，完成辅导员的职业使命。除此之外，通过发挥辅导员核心职业能力对其他辅导员职业能力的力量聚集作用，还能使其能量达到最大化。辅导员核心职业能力是辅导员职业能力体系的中心，它聚集其他辅导员职业能力的力量，并使之释放出更大的能量，充分彰显了其统领性的特征。

辅导员核心职业能力的统领性，使其在职业能力体系中具有"核心"地位，发挥核心作用。一名辅导员如若具备核心职业能力而欠缺专项发展职业能力，他照样可以胜任辅导员工作，能确保他对辅导员职业使命的践履不偏离方向。如若一名辅导员不具备核心职业能力，即使他具备了专项发展职业能力，也仅仅是把握住了履行辅导员职业使命的枝节，而不能履行好辅导员职业的根本使命。辅导员核心职业能力就如同一位"首领"，领导着其他辅导员职业能力，指引着辅导员职业能力整体完成辅导员职业任务。

（三）不可替代性

不可替代性体现在辅导员核心职业能力的独特性和极端重要性上。与其他职业的核心职业能力比较，辅导员核心职业能力表现出独特性，是不可被替代的。与其他辅导员职业能力比较，辅导员核心职业能力表现出其地位的重要性，这也是不可被替代的。

第一，辅导员核心职业能力的独特性使其具有不可替代性。独特性是就辅导员核心职业能力与其他职业的核心职业能力相比较而言。有不可替代性。辅导员核心职业能力是为了充分履行辅导员职业任务，是为了抓住辅导员职业任务的根本，是辅导员职业对其从业者的职业能力的内在要求。或者说，有了辅导员职业，就产生了辅导员核心职业能力的要求。辅导员核心职业能力是由辅导员职业任务直接决定的，不是"创生"出来的。因此，辅导员核心职业能力是不能借用其他职业的核心能力来代替的。反过来，其他职业，哪怕是与辅导员职业紧密相关的职业其核心能力都不能取代辅导员核心职业能力。辅导员核心职业能力是辅导员职业所特有的职业能力，不可被替代。

第二，辅导员核心职业能力的重要性使其具有不可替代性。重要性是就辅导员核心职业能力与其他辅导员职业能力相比较而言。辅导员核心职业能力在辅导员职业能力体系中所具有的核心地位，决定了它对完成辅导员职业使命的高贡献度和凸显辅导员职业的专业性的高显示度。在辅导员职业能力体系中，辅导员专业职业能力是辅导员职业区别于其他职业在职业能力上的要求。辅导员专业职业能力又包括辅导员核心职业能力和专项发展职业能力。但是，这两项职业能力在履行辅导员职业使命中的贡献率不同，对凸显辅导员职业与其他职业间的区别的程度也有所差异。专项发展职业能力是辅导员结合自身职业生涯发展规划，有意识、有目的地拓展自己的职业能力，使辅导员在辅导员工作的某一特殊领域有比较专业化的发展。如果某辅导员不具备专项发展职业能力，并不会妨碍其辅导员职业任务的落实，至多只是使其在某一专项辅导工作上不够深入。与之不同的是，辅导员核心职业能力却是不可或缺的。一旦辅导员不具备辅导员核心职业能力，则该辅导员就不具备从事辅导员工作的任职资格，就不能担负起辅导员的职责。辅导员核心职业能力是辅导员的必备条件，不能用专项发展职业能力代替辅导员核心职业能力。某辅导员欲履行辅导员职业使命，就必须具备辅导员核心职业能力。因此，较之于辅导员专项发展职业能力，辅导员核心职业能力对辅导员完成辅导员职业使命有更高的贡献度。另外，辅导员核心职业能力也是辅导员职业区别于其他职业的重要标识，辅导员核心职业能力更能表现出辅导员职业的专业性特点。因为辅导员核心职业能力是为了完成首要的辅导员职责所必须具备的职业能力，它抓住了辅导员职业的核心使命，而专项发展职业能力却只能完成辅导员职业使命中的某些具体事项，不能成为区别辅导员职业与其他职业的标识。

因此，辅导员核心职业能力与专项发展职业能力在区别辅导员职业与其他职业的辨识度的贡献率上也完全不同。辅导员核心职业能力既体现出辅导员职业的专业性，也彰显出辅导员职业与其他职业的差别。相对于其他辅导员职业能力，尤其是相对于专项发展职业能力，辅导员核心职业能力的重要性，决定了它较之其他辅导员职业能力所具有的价值性，也展现出它的不可替代性。

二、高校辅导员核心职业能力的重要意义

职业能力是促进人的职业发展的重要因素。教育部发布《能力标准》，其目的在于进一步增强辅导员职业的社会认同，进一步强化辅导员队伍建设的政策导向，进一步充实、丰富辅导员工作的专业内涵，进一步规范辅导员的工作范畴，对辅导员职业建设的诸多方面都起着重要作用。辅导员核心职业能力对于履行辅导员职业使命、提升辅导员队伍整体素质、增强辅导员的工作实效等都有着重要意义。

（一）有助于践行辅导员职业使命

履行辅导员职业使命的过程，就是辅导员开展本职业工作而发挥教育、管理、服务、咨询等职能的过程。从宏观上来讲，就是辅导员按照"准备—实施—评估

反馈"的过程开展辅导员的工作。从教育者与教育对象的角度来讲，就是辅导员施教、学生受教的过程。以上这两种过程，为我们勾勒出了辅导员履行职业使命的简单过程。但是，履行辅导员职业使命不是直接将上级部门的要求"转达"给学生，不是将具体的任务"分配"给学生，不是把理想信念等直接"讲述"给学生，而是要通过辅导员的实际工作，最终实现对学生心灵的塑造，对他们形成正确的"三观"进行价值引导。履行辅导员职业使命不是命令式的、冰冷的线性任务布置，而是充满温情又不失严肃的心灵碰撞。这个过程，是辅导员与学生的双向互动过程，是二者的"心"与"行"融会交流的过程。为了分析的便利，文中暂且将辅导员与学生的双向互动过程简化为"辅导员的主观意识活动—辅导员的施教实践活动—学生的能动意识活动—学生的行为实践"的过程。履行辅导员职业使命的过程是非常复杂的过程，不仅各个要素会受到其他诸多因素的影响和干扰，实施过程的各个环节也会有很多不确定因素。这里只是为了分析的便利，而将之进行简化。此过程循环往复，辅导员的职业使命通过辅导员的日常工作得以转化为学生的思想信念、道德品质和行为习惯。

从上文的分析中可以看到，辅导员的主观意识活动是辅导员履行职业使命的前奏，它处于一种潜在状态。辅导员的职业使命开始履行，是在辅导员的施教实践活动阶段。在开展施教实践活动阶段，辅导员将履行职业使命的主观想法转化为实践活动。辅导员开展施教实践活动，就是其职业能力的具体运用和展现过程。辅导员根据外在的教育要求，结合学生的实际情况，制定恰当的教育目标，有针对性地选取教育内容和教育方法，创设教育情境，这都是辅导员职业能力的体现。可以说，职业能力是职业使命得以履行的承载体。其中，辅导员核心职业能力对其职业使命的履行起着关键作用。

（二）有助于提升辅导员整体素质

职业能力的强弱是从业者职业素质高低的直接体现。从业者的职业能力强，其职业素质就高。具备辅导员核心职业能力有助于提升辅导员队伍的整体素质，这不仅是一般意义上能力之于素质的作用所决定，还是辅导员核心职业能力的特殊地位所决定。

从完成的辅导员岗位职责内容来看，辅导员核心职业能力承担的是首要的辅导员岗位职责内容，触及的是辅导员岗位职责的核心部分。从所处的地位来看，辅导员核心职业能力在整个辅导员职业能力体系中处于中心地位，对其他职业能力具有导向作用，具有不可替代性。所以，承载了辅导员职业所独有的专业理论知识和技能的核心职业能力，是辅导员职业能力标准中的核心内容，是展现辅导员职业规范的核心素质，是辅导员职业的专业性、自主性的集中体现，是辅导员职业素质的关键因素。这就回答了一些高校辅导员职业的社会认可度一直徘徊不前、专业素质一直不高的问题，究其根源，在于这些高校往往只注重辅导员的事务管理能力，而没有抓住辅导员需要具备的核心职业能力，进而不能从根本上提升辅导员队伍整体素质。提升辅导员的核心职业能力，是提升辅导员队伍整体素质的关键路径。

以提升辅导员的核心职业能力来增强辅导员队伍的专业化水平，促进辅导员队伍整体素质的提升。辅导员职业能力与辅导员专业化之间有着内在关联，"专业化针对的就是辅导员的职业能力"[1]。因为，辅导员专业化就是"依托专门的机构及终身专业训练体系，对辅导员进行科学的管理培养，使其掌握高校学生教育管理工作的知识和技能，实施专业自主，表现专业道德，提高自身的学术地位和社会地位，全面有效地履行岗位职责的过程"[2]。要实现辅导员专业化，就要求辅导员掌握辅导员工作的专业理论知识，拥有在辅导员领域的专业自主，并有相当高水平的职业技能以履行辅导员的岗位职责，这恰恰就是对辅导员需要具备的核心职业能力的要求。反过来说，拥有核心职业能力，辅导员才能实现专业化发展。辅导员有了从业的专业化水平，辅导员队伍的整体素质自然而然就得到了提升。

以提升辅导员的核心职业能力来推进辅导员专家化建设，进而促进辅导员队伍整体素质的提升。任何一个职业都有该职业的领军人物。领军人物是某职业从业人员素质的典型代表，也是某职业从业人员学习、模仿的对象和标杆，能够带动全体从业人员素质的提升。辅导员核心职业能力水平提升的过程，就是辅导员积累专业理论知识，在实践活动中模仿、运用技能，经过实践反思，创造性地运用专业理论知识和技能，获得在辅导员工作中的专业自主，形成独具特色的教育

---

[1] 李忠军.以职业能力建设为核心推动高校辅导员队伍专业化发展[J].思想理论教育，2014（12）：97-102.

[2] 冯刚.辅导员队伍专业化建设理论与实务[M].北京：中国人民大学出版社，2010.

引导风格。如此循环往复，螺旋式上升，从辅导员具备核心职业能力，到不断提升其核心职业能力水平，就是辅导员逐渐成长为专家型辅导员的过程。提升辅导员核心职业能力，培养更多的专家化辅导员，在辅导员队伍中树立标杆，带领更多的辅导员积极投身到自身核心职业能力建设中，就能从整体上提升辅导员队伍的职业素质。

（三）有助于增强辅导员工作实效

高校思想政治工作是一项战略工程、固本工程、铸魂工程。大学生思想政治教育质量关乎祖国未来发展大计。大学生思想政治教育质量的高低，很大程度上影响着高校能否培养出全面发展的中国特色社会主义事业的建设者和接班人，能否培养出担当民族复兴大任的时代新人。增强大学生思想政治教育质量具有重大意义。

日常思想政治教育是大学生思想政治教育的主阵地，而辅导员又是大学生日常思想政治教育的骨干力量。虽然思想政治教育的有效性受到思想政治教育诸多要素的影响，但在整个思想政治教育活动中，思想政治教育者占有着主导性地位，发挥着主导性作用。思想政治教育者是思想政治教育活动的发动者、组织者和实施者，在其与教育对象的矛盾中居于矛盾的主要方面，是思想政治教育活动的"前喻主体"。然而，思想政治教育主体在思想政治教育活动中能否发挥主导作用，在思想政治教育活动中是否是有效的教育主体，不是由教育者这一身份所决定的，而是由思想政治教育主体的主体意识和主体素质（政治素质、人格素质、理论素质和能力素质）所决定的。思想政治教育者具备从事思想政治教育活动的实践能力，将自身潜在形态的主体素质付诸思想政治教育实践活动，才能发挥教育者的主导作用，推进思想政治教育活动有效开展。

辅导员在大学生日常思想政治教育活动中的主导作用以及推进大学生日常思想政治教育活动的有效开展，同样依赖于辅导员的职业能力。因为，只有辅导员具备了从事大学生日常思想政治教育的职业能力，才能使辅导员潜在的政治素质、人格素质和理论素质转化成现实的思想政治教育实践行为。是职业能力，使辅导员成为思想政治教育实践活动中的有效辅导员。既然核心职业能力是辅导员完成首要工作职责任务所必需的职业能力，是辅导员职业能力水平的集中体现，那么核心职业能力就成为衡量辅导员是否是一名有效教育者的标尺。辅导员具备核心职业能力，表现在辅导员能在思想政治教育实践活动中对其他主体因素的充分调动与激活，使思想政治教育实践活动得以有效开展，使思想政治教育质量得到提升。

第五章　高校学生生活与心理健康管理

本章主要论述高校学生生活与心理健康管理，主要从三个方面展开介绍，分别是高校学生管理的理论依据、现代高校学生日常生活管理以及现代高校学生心理健康管理。

第一节　高校学生管理的理论依据

一、高校学生管理的机制

（一）学生管理的重要作用

高校应该重视学生的思想政治工作，明确思政工作的重要作用，学生的思想政治工作是一项非常复杂的社会性的系统工程，不仅需要学校参与其中，而且还需求各方力量进行整体联动，否则很容易出现系统性的风险。社会的改革和发展与高校的改革与发展是一种正相关的关系，整个社会的政治、经济、文化等会对高校的学生管理工作产生重要的影响。只有在我国的法治建设、制度建设更加完备的时候，在我国的政治体制改革更加完善的时候，才能使高校处于公平竞争的状态，处于个人充分发挥特长的状态，此时的高校的内部治理机构非常完善，学生的管理工作也更加顺畅和高效。

高校在对各项硬件设施进行完善和适应社会的发展的同时，也需要特别重视学生的思想政治工作，明确学生思想政治工作的重要性。高校的学生思想政治工作不仅具有规范性还具有示范性和能动性。做好学生思想政治工作一方面可以引领社会精神文明，起到辐射和示范的作用；另一方面还能让高校站在更高的高度，培养创新精神，不断开拓学生视野，帮助学生树立崇高的理想，确立起更高、更正确的价值准则，以此来推动社会的发展。高校不仅是传播文化、创造文化、选择文化、演绎文化的重要基地，同时也是新理论、新思想和心发明的摇篮。高校可以通过学生的实践活动和学术研究活动以及文化传授活动，创造出有利于社会发展的文化氛围，引导健康的社会舆论，形成正确的道德规范。

高校学生思想政治工作的重要内容之一就是德育的教育教学。随着世界范围内的全球化进程的加快，不同民族、不同国家地区的道德价值会产生碰撞，加之技术的不断发展和进步，人们经常会面对道德和伦理的两难境地。基于以上这种情况，作为德育教师，在面对不同的道德价值标准的时候，应该具备鉴别能力，并且具有整合的能力，将这些道德价值标准进行整合建立起适合本民族、本国的，有利于社会进步和民族发展的道德价值体系；高校德育教育应该站在时代的高度，具有前瞻性和战略眼光，对社会中的主旋律进行弘扬，用知识服人，促进德育功能的有效发挥。为了保证高校思想政治工作的顺利开展，首先需要加强教师的思想道德建设。作为教师应该爱岗敬业，在完成工作量的前提条件下利用自己所学习的专业特长来为社会服务。鼓励其他行业的人才进入教师队伍，不断完善教师队伍建设。高校思想政治教育的主体是教师，这就要求教师不仅要具有深厚的专业知识，还应该具有高尚的、令人敬佩的品格，此外，还应该具备创新精神。作为教师，本职工作就是育人，这也是这个职业所要求的基本职业道德。在学生生涯中，教师的言谈举止是学生模仿的对象，因此，教师的言行举止对学生而言具有很强的示范性和影响力。对于当前社会中出现的一些只教书不育人的现象应该尽力消除。师德建设应该从制度建设入手，建立约束机制和鼓励机制，让师德建设更加制度化和规范化，以此为基础，建立一支具有高水平的、稳定的教师队伍。

（二）完善改革体制

第一，高校改革应该不断深化，同时保证后勤加快社会化的步法和程度。作为高校改革的重要组成部分，后勤的社会化改革具有重要地位和作用。在当前，高校进行扩招的重要前提条件是后勤保障的跟进，不管是在校师生的吃饭问题还是住宿问题都会对学校的稳定造成影响。

第二，应该加快学生管理体制的改革，实现"三个转变"。随着我国高等教育改革的不断深化，高校学生管理工作不能仅仅靠管就可以完成了。高校教师应该加强自身的服务意识，由之前的管理为主转变为服务为主、管理为辅。作为学生，也应该不断加强自身的主体意识，要积极引导学生从自身的成长成才需求出发，积极主动向老师咨询相关的问题，解决心中的困惑，由之前的被动成才转变为主动成才，主体身份发生转变。与此同时，学校还应该积极关注学生的就业问题、心理问题等方面的问题，并且为了解决这些问题积极成立相关的就业指导中心、心理咨询中心、文化活动中心等，满足学生在高校中的身心需求。

第三，简政放权，转变机关职能。随着高校朝着大众化方向发展，招生规模不断扩大，院系也在不断调整，这就使得学校的管理不能还是按照原来的模式进行管理，也不能仅仅依靠简单的工作加减、工作重复、人员合并来解决学生管理工作的新问题，还应该在原本基础上进行改革和创新。为了适应不断变化的情况，需要在学生管理中将责、权、利进行有机结合。就目前的高校来说，高校职能部门的权力依旧是集中的，随着办学的规模不断扩大，权力的集中不利于下属部门开展学生工作，很多的职能部门需要处理日常事务，没有时间了解学生的工作。学生职能部门的主要工作内容是对目标进行制定，督促和检查任务的完成情况，调控全校学生的工作，将一部分权力下放到学院或学生管理部门，比如组织协调、活动经费、考核评比、人员选用等权力的下放。

（三）规范学生工作队伍管理体制

为了保证学生工作队伍管理体制的规范性，需要建立稳定的学生管理干部队伍。受限于传统观念，学生管理干部并不认为学生思想政治工作是一个终身的岗位，这也造成了学生管理队伍非常不稳固。在高校的教育观念中，尽管认为学生思想政治工作非常重要，但是在现实操作中学生工作干部的相关待遇问题并没有及时跟进和解决。学生政工人员与业务人员相比，在评职称时并没有优势，对于高级职称的评定更是难上加难，并且学生政工人员很少能申请到课题。对于此类问题的解决，需要学校积极采取有效的措施，鼓励支持政工人员进修，学习与学生管理和思想政治教育学相关的理论知识，开展应用理论的课题研究。鼓励政工人员考取与管理、政工有关的硕士学位，保证政工人才自身的可持续发展。

（四）改善班主任工作的管理

改进和加强班主任工作，班主任是学生工作队伍的重要组成部分，是学校派到班级进行思想政治工作，指导督促学生完成在校期间学习任务，引导学生德、智、体全面发展的教师，是沟通学校、院（系）、学生之间的桥梁和纽带，是班集体的组织者和领导者。班主任在学生中起着重要作用。因此学校要加强班主任工作的管理与考核，从专职教师、教辅人员、机关干部中聘任一些热心、责任心强、严于律己、作风正派、有敬业精神和工作能力强的同志担任班主任，班主任在开展工作时要努力学习现代思想和哲学、教育学、伦理学等基本理论知识，要善于分析学生关注的社会现实热点问题，能够将理论和实际相结合说服学生，能够用科学的理论观点回答并解决学生生活中遇到的困惑和问题，要重视发挥学生骨干在班集体中的作用。调动青年学生自我教育、自我管理、自我发展的积极性，班主任要深入到学生的班级、宿舍中了解、掌握他们的学习、生活情况。校、院（系）领导应重视发挥班主任工作考核机制的作用，定期进行量化评比，大力表彰奖励优秀班主任，把班主任工作切实抓好。

（五）发展校园文化

高校学生管理还应该大力发展校园文化。校园文化可以反映出校园建设情况、校园环境、学风校风以及学术文化氛围等内容，校园文化是与当时所处的社会政治、经济、文化等向适应的。校园文化可以主导、推动创新社会制度，是一种具有人文氛围的文化。高校师生是校园文化建设的主体，基本的要求是人文关怀，最高目标是推动历史的发展与进步，重要的内容是建设校园精神文明，同时校园文化还是衡量学生管理工作的重要指标。加强建设校园文化不仅要求有明确的政治方向，还需要保证学术氛围的健康；不仅需要有崇高的道德风尚，还需要具有浓厚的人文氛围。只有这样才能影响学生的行为方式、价值观念、思想、精神，才能塑造学生的精神状态和心理素质。具体来说，要切实落实学生管理工作应该从以下几方面入手：教书育人，管理育人，服务育人，环境育人。

校园文化建设的重要内容是团学工作，即团委系统工作和学生会系统工作。与学生管理工作和服务联系最紧密的是团学工作，团学工作为学生提供了自我管理、自我约束、自我服务、自我成才的平台。通过一系列的活动，团学工作可以对学生的言行进行引导和规范。在学生管理工作中，团学工作应该树立服务的意识，强化服务的观念，将工作不断社会化，做到活动个性化、经费来源多元化，在实践中促进发展，在科研中促进成长，在思想建设中促进品格发展。总而言之，团学工作要紧跟时代的发展，积极弘扬主旋律，不断对校园文化生活的内涵进行丰富和优化。

（六）推行社区管理模式

突出学生社区作为高校生在校期间的主要活动场所的功能，除了休息、娱乐以外，更应重视体现社区教育、服务、管理三位一体的功能，逐步推行社区管理模式，使社区成为学生素质教育的主要阵地。

首先，选拔辅导员进驻学生社区，成为社区辅导员，与学生同吃、同住、同生活。社区辅导员要发挥桥梁作用，主动了解学生思想动态，配合学工处、各学院做好工作；社区辅导员要主动开展一些适合学生的社区活动；社区辅导员要接受系统的心理咨询训练，主动与学生谈心；社区辅导员要抓制度落实，充分发挥制度杠杆的导向作用，学生在社区的表现要与综合测评挂钩，作为评奖评优、组织发展的参考依据；社区辅导员既要做学生的朋友，又要树立个人威信，通过各种有效的奖惩措施，推进社区管理工作。学生社区管理工作的指导思想是：通过在社区开展学习、文化娱乐、生活等各个方面的活动，建立"学习型的社区"。

其次，在整个社区建立团总支，在各栋楼建立团支部，在各层楼建立团小组。团总支的主要任务是负责社区的各种学习、文化娱乐活动，通过开展大量的活动来弥补学分制下由于打破原来的体系而造成的真空。

再次，设立公寓管理委员会，主要负责整个公寓的文明行为督察、卫生督察、勤工助学等，保障社区能顺利、安全有序运作。

最后，在社区设立社区咨询室，主要是业务导师、心理咨询员和社区辅导员来解答学生的选课疑问、解答学生的其他疑问以及对学生进行心理咨询。

二、高校学生管理的原则与依据

（一）高校学生管理原则

原则是对客观规律的反映，是观察问题和处理问题的准绳。高校学生管理的基本原则，是指高校在对学生实行全面管理和全程管理的过程中，观察、认识和处理各种矛盾和问题所必须遵守的基本准则，是对学校各级、各方面管理人员进行科学化管理所提出的基本要求。高校学生管理的基本原则，是以社会主义高等学校人才培养任务为管理目标，以教育科学和管理科学理论为依据，在长期的管理实践中，认真总结学生管理活动的经验教训，不断归纳提炼出来的，是学生管理活动发展到一定阶段的必然产物。它有着丰富的内容，是一个多层次的、相互联系的完整体系。

高校学生管理基本原则，集中体现了学校管理的基本规律和本质特征，在整个学生管理过程中起着重要作用。学校各类管理人员，在工作实践中，遵循着某种原则，而只有在科学的原则指导下，才会使学生管理工作更有效，才能实现管理的目标。高校学生管理工作涉及学生的各个方面，它包括学生行政管理、学习管理、生活管理、思想政治教育管理、校园文化活动管理等，其内容包罗万象，涉及面非常广泛，因此，要使整个管理工作有序进行，实现高校学生管理的科学化、系统化和规范化，就必须认真贯彻执行学生管理的基本原则。

随着高校扩招、高等教育规模的扩大、高等教育由精英教育转向大众教育，以及高等教育改革的不断深化，新事物、新问题不断涌现，高校学生管理面临许多新的矛盾、新的课题，面对这些新矛盾、新课题，高校学生管理工作者必须把握方向，明确目标，遵循学生管理的基本原则，勇于探索实践，一切从实际出发，深入研究学生管理的实践活动，坚持学生管理工作按客观规律办事，使学生管理各部门的工作协调一致，相互配合，从而保证学生管理目标的实现。为社会主义现代化事业培养优秀的建设者和接班人。

（二）高校学生管理的依据

高校学生管理基本原则的形成具有很强的实践性，它源于实践，具有充分的实践依据；同时，它又以教育科学和管理科学为理论基础，有着充分的理论依据。

1. 理论依据是人的全面发展理论和教育方针

我国社会主义大学的性质决定了我们必须确保学校培养出来的大学生是具有较高素质的人才，大学生不仅要有扎实的科学文化知识和健康的体魄，而且必须具有高度的社会主义觉悟，即要有理想、有道德、有文化、有纪律。造就全面发展的人，是高校的培养目标，是办社会主义大学，培养新世纪建设者和创造型人才的出发点和归宿点。社会主义学校进行学生管理的基本原则，就是要以"以人为本"的思想及教育方针作为理论依据。

2. 科学依据是高等教育科学和现代管理科学

高等教育具有自身客观存在的规律性，只有认识和掌握这些规律，并按照规律办教育，才能确保培养目标的实现。高校学生管理作为高等教育的一个重要组成部分，必须遵循高等教育的客观规律。高等教育规律分为外部基本规律和内部基本规律。外部基本规律揭示了教育与经济的外部关系，主要反映教育在国家建设和社会发展中的地位和作用、教育投资的经济和社会效益、教育的主要社会职能等方面。尽管在教育、经济与社会文化等诸多关系中，它们存在着相互影响与制约的作用，但总的来说，在经济、社会文化与教育的相互关系中，是经济、社会文化决定教育而非教育决定经济、社会文化。因此，随着经济、社会文化的变化，教育也将发生变化以适应和服务于经济、社会文化。作为高等教育中的学生管理，当然也如此，一部中外的教育史，往往折射出中外的经济和社会文化变革史，这是高校学生管理者必须明确的。内部基本规律揭示了教育的内部关系，主要反映在培养目标，不同专业人才的培养规格、途径与方法等方面——这些与社会的变化密切相连：科学的发展，促使教育手段的优化，科学的发展和社会的变革，对人才提出了新的要求，促使教育的培养目标发生变化。高校学生管理必须遵循教育规律，要根据我国高等教育发展的状况，充分认识高级专门人才培养对发展社会主义市场经济所起的积极作用，使高校培养的学生主动适应社会的需要。

要进一步明确社会主义高等学校的培养目标和人才规格，端正办学指导思想，正确了解德、智、体三者的关系，积极探索更为有效的管理途径与方法，使高校学生管理系统化、科学化和现代化。运用现代管理科学的理论与方法对高校学生进行管理，是时代发展的必然要求。现代管理科学作为高校学生管理原则的依据，就是在制定学生管理基本原则时，使学生管理队伍的组织机构严密、管理制度科学、人员分工合理、职责范围明确、奖惩分明、动作协调、工作高效。高校学生管理人员要善于运用现代管理科学的系统整体性原理、要素有用性原理、动态相关性原理、人的能动性原理、规律效应性原理、时空变化性原理、信息传递性原理、控制反馈性原理等，使学生管理组织系统化、管理决策科学化、管理方法规范化和管理手段现代化。

3.实践依据是我国高校学生管理的经验与教训

坚持社会主义大学管理的基本指导思想,就是要确保社会主义大学的社会主义方向,调动全校师生员工的积极性,为培养全面发展的新世纪的建设者和接班人而不懈奋斗。一切管理工作都要根据对应的方针、政策去组织和实施。各项规章制度的制定都要有利于调动广大师生员工建设社会主义的积极性,有利于合格人才的培养,为社会主义市场经济的建设和发展,为社会经济协调持续发展和全面建成小康社会服务,这是确立高校学生管理基本原则的立足点。

高校学生管理工作应当规范化、制度化,把符合社会主义方向的,又经实践检验的,较为成熟的民主管理和科学管理体制、程序、办法用制度形式固定下来,规范工作流程。其核心是责、权、利相结合,使制度的思想性和科学性相统一。坚持实践第一的观点,理论联系实际,面向社会,实行教育与生产劳动相结合。社会主义高校培养的人才,必须适应经济社会发展的需要,在思想上要有高度的社会主义觉悟,诚实守信,敬业乐群,有奉献精神,在业务上既要有较好的理论素养,又要有较强的分析问题和解决问题的能力,还要有脚踏实地的实干精神和开拓创新的能力。

第二节 现代高校学生日常生活管理

一、现代高校学生日常生活管理的特性

(一)全员参与性

学校管理工作的核心是育人,学校作为人才培养的场所,具有集中性、系统性、交互性、信息资源因素等特征,而高校学生日常生活教育管理受其多维度因素的影响,因此离不开全员参与。学校日常生活管理中,应当将育人作为主体,以信息交换渗透,影响其他育人资源。有吸引力的学校,应集合个体,与其相互依存,不可分割。校园作为立德树人的场所,要精心为学生思想品德的培育和养成铺设一条成长之路,通过教师的循循善诱,潜移默化地影响学生,以此促进德育工作的落实。以生为本的全员育人思想观,在当下所倡导的思想境界中,被提

上高校日常管理的实践维度。高校应当发挥其本职职能，践行人才培养目标，以科技作为支撑，汇聚优质资源，应用整体有机的育人模式，协同其社会服务特性，处理好自身责任和义务间的关系，从而获得光荣感和幸福感。知识传授、思想启迪、道德养成、文化传承，共同形成了全新的"全员育人"体系，高校全体教职工共同达到"教育渗透德育、全员做德育、时时做德育"的目标。"全员育人"广义指由学校、家庭、社会、学生组成的"四位一体"的育人机制。随着下一步工作的有序开展，"全员育人"需依靠全体教职工来实现。

"全员育人"的管理机制，是以个体为集合对象，以高校为场所，以"办学理念、管理制度、环境布置、课程设置、教学组织和活动"作为管理核心。学校作为专职教育单位，应把德育工作放在学校工作首位，坚持教书育人、管理育人的工作方针；加强上下联动，积极建设德育工作骨干队伍；注重教师的言传身教、身体力行，以此促进德育工作全面落实。

"全员育人、全程育人、全方位育人"的综合育人体系，汇聚学校主要机构及其职能的力量，同时联动教师及社会各方力量。在日常的结构框架中，以整合资源、互相配合、集中育人的改革新创举，发挥合力优势。在体系管理范本中，还有管理、服务、教书等作为助力。全员参与管理是以学生群体为核心，多元参与为协同力量，因此有必要强调整体性和群体性。

（二）对话平等性

第一，创设"聊天"式的教学情境进行平等对话是人类从发明语言时就沿袭的传统，是人类社会性的体现，更是人类社会发展智能性的体现。每个人都是生活的主角，以人为本的育人观，应是教育界所倡导的平等自由话语权的体现。受教育者作为教育的客体，有必要感知生活，服从主体，勤勉地在日常生活实践中，正确处理好教与学主次之间、主客之间的关系，最大限度地提升自我管理效能。

第二，大学生日常生活管理育人的特殊性，决定了教师的特殊地位，即作为教学的执行者和领导者，具备管理育人法定代表人的地位，同时受其职位影响，需要学生作为评判指标和教育对象。

第三，主客之间的矛盾若无法消解，会使德育资源陷入困顿、僵化，也会使教育育人的平等性效果有一定局限性。鉴于此，平等育人要求的效果也需及早实现。

同伴教育是具有相似年龄、相同性别、相同背景或共同经历、相同兴趣爱好等共同语言的人在一起分享信息、观念或行为技能，以实现教育目标的一种形式。此种形式有利于提高学生自主性，使主客之间由被动变主动，在平等的对话中，使得服从变信服成为可能，也有利于打破原始关系的权威障碍。这一关系的改善，有利于高校学生以最佳状态投入学习。同伴教育在形成良好教育局面的同时，因其育人方式的不同，极大程度地改善了师生关系，使"教与学"得以顺利进行。管理者在获得掌控权的同时，因对动态资料的取材和相关措施的落实，都取决于生活，极易放松自我要求，不能从根本上促进自我德行的进步，这一点尚需进行改进。

第四，树立全员育人、环境育人、实践育人的新理念。只有以教育环境平等为基础，才能在生活化的场景实践中，更具教育指导价值和说服力。加强高校学生思想道德教育，有效地对学生进行正确的思想道德教育，以"小圈子"教育机体为核心，构筑复杂庞大的关系网。在关系网中，形成相互依存、共同进步的前进态势。基于上述关系分析，"全员参与"的高校管理观，要求高校管理工作建立在道德基础之上，形成一种道德自我约束和共同约束的教育过程，在管理者与被管理者互动过程中，要倾注自身情感。学校管理工作提上日程，不仅需要正确处理好主客之间的主被动关系，而且更需以平等性的形成形式投放到日常生活中。

目前的育人环境，面临复杂的局势，教育者与受教育者及其管理者和被管理者之间的角色判定受其自身生长环节、年龄层区分、自身素养乃至家庭情况影响。育人工作需要发挥学生主人翁的作用，从而在责任承担方面得到社会的普遍认同，并成为德育工作关系中处理较为得当的部分。因此角色意识的转变，对于强化高校实践管理工作的责任意识来说有更为彻底的作用。

二、现代高校学生日常生活教育管理的功能

高校学生日常生活教育管理作为客观存在的综合现象，必须在日常实践中承担相应的职责，其对教育的影响必然是独立的。通过深入分析高校学生日常生活管理教育的各项功能，参照现实日常生活，就可以实现具体功能的精细化定位目的，这不仅可以增强对高校学生日常生活管理教育内涵的理论性和建设性理解，还可以提高对于其教育目标的实践性分析能力。

（一）求真

高校文化的核心价值理念是求真，这一点是高校与其他社会机构的本质区别所在。在高校日常教育中，不仅在知识上要不断追求真理，而且在日常生活管理中也要坚持求真求实的理念，以求得还原高校文化的本质，培养更优秀的现代"真人"。"真人"不仅要求其办实事，说真话，而且要求其永远保持一种追求真知，为真理奋斗的热情，这是一类具有完美人格和高超本领的人。通过培养日常生活中的求真理念更有助于培养现代"真人"。

第一，在日常生活管理中要坚持按照培养"人中人"的思路，不仅要注意全面提高和健全高校学生的人格，而且要关注其健康人格教育的逐渐完善。各高校机构必须重视高校精神与高校之道，加强对高校学生日常生活教育，促使高校学生做到安于道德生活，亲民爱民，不因一味追求成为"人上人"而追逐名利，争取成为合格的社会主义接班人。

第二，一个良好的道德环境可以为培养优秀的现代"真人"提供一个良好的土壤环境。我们生活在集体的生活中，追求成为优秀的真人并不是要与社会生活脱节，而是要求我们严于律己，在生活中更加慎独、顿悟，脚踏实地生活。这样才可以在社会中保持本真，克服市场带来的势利观念。

第三，培养健全人格，首先要求我们必须是立体的个人。日常生活为个人的存在提供了天时地利人和的时间和空间，不仅有助于其实现德、智、体全面发展，而且有助于找到更合适的方式促使其在多元领域内实现全面自由的发展。

（二）隐性

在高校学生的日常生活中进行管理教育的优势之一是日常生活的日常性所带来的得天独厚的教育无痕化。高校学生每天都可以生活在良好的环境氛围中，这种日常性正是学生独立个体的本真展现。社会道德和自我道德的约束及各种综合作用以及求真观念的渗入，无形中影响了老师和学生的人格。这种影响是隐性的方面，这种行为不是刻意为之；另一方面，其带来的影响也是潜移默化的。

生活的本质意义不是为了教育别人，更不是被别人影响。正因日常性所带来的隐形影响是无意为之，受教育者会感到轻松，不会产生特别的精神负担或者心理压力。在不知不觉中影响受教育者，不会导致其产生逆反心理，这种无意识的渗入相对于较强势、有意识的教育，显得更加温和和隐蔽，所有的过程都是潜移默化的。隐形教育的隐蔽性可以更好地实现教育目标。高校教育的日常性虽有得天独厚的环境优势，但并不代表其没有负面影响。道德修养的建立需要良好的环境，也需要健康良性的管理方式和教育方式，隐形教育就需要把这两者结合起来。

日常生活教育的无痕性优势正好可以为高校的日常管理实施隐形教育提供条件，使高校的道德教育在无形的环境中实施。可以通过制度规范、文化娱乐等方式将道德教育渗透到高校学生的学习和生活之中，在日常生活中为学生提供价值指导和动机指引，将道德教育和学生日常管理结合起来，使他们在循序渐进、寓教于乐的无形引导中受到教育和启迪。单独的个体只有在充分认识到行为的目标和结果之后，才会顺其自然地承担起自己的责任，这是正式教育的传播机制无法实现的教育效果。另外，工作方式和工作内容也需相对应做出改变，不仅要合理安排日常生活中可以使用的资源，必要时还需要配置合适的引导手段，以通过尽量减少不良道德因素的影响来达到将日常生活中的正面影响无形放大的目的，日常生活管理是非权力影响力的主要来源，这与依靠权威强制性要求所带来的影响是有本质区别的。这种综合了品行、才华、理论以及修养等各种因素影响后的作用，远远大于依靠权力因素所带来的效果。品德因素正是非权力影响力的本质要素。

（三）濡化中介

濡化，即通过某群体的文化习俗来影响个体的选择和行为的过程。作为人类，其属性中包含了社会性的特征，这是一种特定的文化，我们必须认可并接受它。作为这种社会化环境下生存的生物个体，人类社会化就是适应社会并被社会认可的过程。由此可见，社会化贯穿人的一生，人的每一阶段的成长都伴随着不同的社会化属性和任务。作为高校学生，正处于人生当中的特殊时期，一方面，他们渴望独立，希望可以自立自强，不再依赖父母的帮助和受到父母的影响；另一方面，他们渴望得到同伴的理解和鼓励，需要和志同道合的伙伴一起去探索人生的乐趣。因此，这是一个独立的个体完成社会化的关键时段。通过完善高校日常教育，高校学生可以接受社会化的日常道德和技能的训练，从而获得通向社会的通行证，通过自我努力实现自我满足。

目前，还是有许多的高校教育管理者缺乏对高校学生日常生活社会化的认知，不够重视其关键作用，对社会化的影响力和涵盖广度和深度认识不足。这些不成熟的观念可能会导致其在日常管理工作中存在错误的认知，误以为社会化是高校学生群体先天具备的合理基因和基本功能，无须引导就可以自动化完成；还有一种错误的理念认为社会化的过程其实就是高校学业教育完成的过程，只需要关注高校学生的专业学习能力即可，而缺乏对其综合素质的培养，例如，高校学生在基本社会习俗和常识方面缺乏必要的训练和引导，对于成人社会中的基本礼仪和生存知识缺乏规范和教育，这会导致部分高校学生踏进社会后，出现社会化不足的问题，以至于影响其日后的长远发展。教育的本质属性是通过文化影响个体选择的过程，高校学生要顺利完成社会化过程还需学校提供塑造社会化的氛围和进行恰当的指引。

对于高校学生而言，从学生转变为社会人士，是复杂且艰难的，顺利完成这一个过程的转变所需要学习的社会化内容非常广泛。这些内容涉及价值观、能力、心理素质和社会角色的不同方面。其转变可能是被动的，也可能是通过自觉学习锻炼而来的。在大多数情况下，这种影响都是自我主动选择的过程，学校的日常生活教育就是通过正确的指引将这种原始的自发性行为转变为积极的自我觉醒行为。一方面可以采取有效的引导和管理服务；另一方面也可以拓宽高校学生社会化转变的锻炼渠道，减少不良因素的阻碍，以实现促进高校学生良好转变的教育效果。社会化的基本方式和特点就是不断重复，通过"教育与生活息息相关，学校与社会不可分离"的理念指引，有意识地加强对高校学生的管理，加快其与社会化生活的融合。在这一过程中，高校学生不应该完全被动接受社会化教育的理念，而是应该主动选择适合自己的发展方式，利用自身的优秀品行去影响和帮助别人，促使他人日常生活习惯不断更新，不断重复地参与到高校学生的教育进程中。这样的一个良性循环过程不仅可以丰富德育教育的内容，而且还可以提高高校学生克服社会化进程障碍的能力，使其顺利完成社会化的转变，从而更加适应未来社会生活的挑战，更顺利地投入到社会化生活当中。

三、现代高校学生日常生活教育管理的具体目标

高校学生日常生活管理教育的具体目标是贯彻完成综合目标的主要渠道和组

成链条。具体目标的设计和推进完成是将教育长远目标构想与当下现实问题充分结合的衔接环节，为开展高校学生日常生活管理教育的基层工作指明具体方向并有助于评估相应的可执行性，应将其发展为高校日常管理教育工作的驱动力，保障教学工作有序进行。

（一）重塑高校学生日常生活的角色

高校学生正处于青春期到成人期的过渡阶段，生理和心理上会有很多变化，日常生活中对于自身角色认知不明确。这个阶段帮助高校学生认清自我的定位和自己在社会中的地位非常重要，要引导他们认识两者并将其进行合并统一。由此可见，高校要在根源上帮助学生找到自己的身份定位，帮助他们成为生活的主人，避免由于定位畸形导致心理和生理上的不利因素出现。可以通过以下三个步骤帮助学生认识自我。

第一步，解决高校学生日常生活中对于角色认知的缺陷问题，帮助他们认识自我，做生活的主人，按照自己的意愿去生活，不受老师、家长、学校领导的权力支配。在高校管理过程中，要民主地让学生行使权利，放松对学生的管理有时会产生更积极的效果。学生在拥有自己对生活的配置权利之后，也会更加独立。这种收权和放权相互配合的管理模式是一种积极的管理模式，是高校主体和客体协同发展的表现。

第二步，要让学生一旦发现自我角色认知的错误就及时进行改正，通过对生活权利和义务及责任的理解，知晓支配生活的同时也要承担生活的责任，培养学生的责任感。学校管理者对于高校学生的生活管理权要进行放权处理，不能过分干涉学生的生活，在放权的同时培养学生的责任感，让他们知道需对自己的行为负责。

第三步，学生要支配自己的生活，实现自己理想状态的生活目标。在学生对自己的生活目标有初步意识的情况下，要引导学生对生活的形式、生活艺术的发展、生活价值观的体现等作出判断，打造专属于自己的个性生活。学生要充分认识到生活是需要被尊重和被理解的，这也是打造理想生活最好的办法。在日常生活构建过程中，学生可以从生活中得到很多启示，并通过联系历史、过往生活等得到提升。高校学生在生活中要培养知道事情重点、知道如何行动、能够分辨是非、能够衡量利弊的技能，以此来丰富生活，做生活的主人。与此同时，还要培养学生生活的审美和情趣，打造高境界的个性审美，通过美育素质培养提高生活品质。

（二）丰富高校学生日常生活的个性与内涵

从日常生活管理方面来讲，丰富高校学生日常生活的个性与内涵是以任务为重的表现，缺乏生活的动力，在教育使命的压力下，管理工作就会成为后续教育阶段的重要部分，变成任务导向的模式，而不是单纯根据知识做出总结性结论。在此过程中对于管理内涵、管理层次、管理方式等的探讨将更加深入，以此来丰富教育的各个环节。这种操作方式拓展了高校生活管理的丰富性，对教育产生了持续性扩张作用，丰富了日常生活模式，同时对教育的延展、生活的充实、娱乐方式的丰富等方面起到积极作用。培养学生健康的生活态度，陶冶他们的身心健康，鼓励学生追求美好生活，提高幸福感。人先天就有追求美的本性，管理的过程也是践行美感教育的过程。在日常生活中，引导学生接受美育教育，以此来提高生活品质。要为学生的个性发展提供空间，关注学生的个性和兴趣需求，在尊重生活原则的前提下，帮助学生培养个性化生活方式。

日常生活具有"个性化、自由性、规律性和未开发性"的特点，这也是人类生活中的实践标准。高校学生的日常生活也是相似的，这种特性在高校学生生活中也具有约束作用。高校日常生活的规律性和未开发性为学校管理工作提供了发展空间，而个性化和自由性是日常生活的本性。想要丰富高校日常生活，就需充分理解和尊重学生的个性需求。大部分学校的管理工作是通过采集学生相关信息和反馈信息来进行的，但在这个过程中高校常常抓不到重点，导致素材利用率低，管理工作没有执行完毕，造成了资源的浪费。想要通过管理来加强生活的多样性存在诸多困难，这要求管理要松弛有度、恩威并施，同时要注意延展扩大，以此才能真正对教育起到促进作用。增加高校日常生活的多样性的最终目的是要将人文精神和情怀传递给学生，提高学生的综合素质，真正教会学生主宰自己的日常生活。

（三）优化高校学生的日常生活

日常生活方式具有深刻的内涵，在人类社会结构中，它是精神文明和物质文明高度统一的一种集中外在表现形式。高校学生是时代的引领者，他们的生活方式是整个社会生活的缩影。

高校学生的思想观念往往会表现成为一种外化的形式，成为日常生活的主要方式，这些生活方式会受到学生心理和生理条件的限制与影响。学校要引导学生按照道德标准对自我进行约束，不断提高自己理性思维的能力，同时学校还应保持包容的文化心态，合理对待学生对时尚文化的追求，并给予正确引导，让社会主义核心价值观潜移默化地融入学生的价值观当中，这样才能帮助学生建立起成熟、正确的日常生活方式。文化的特点也可以通过人们的生活方式得以体现，在高校学生中所展现出来的生活方式实际上也是社会整体生活方式的一种缩影。由政府主导，组织学校、社会各界形成合力，通过有效的管理将社会不良的影响因素进行过滤，为青少年营造一个有益的文化氛围，引导他们选择健康时尚的生活方式。

目前，我国对大学生生活方式的教育处于起步阶段，还未在高校学生的教育培养中成为核心的内容，这样必然难以有效引导高校学生优化生活方式。因此高校要注意加强管理，通过对在校学生实施生活方式的教育促使他们的生活方式进一步得到优化，高校要意识到进行生活方式的教育对于提高学生综合素质的重要意义，在学生的学习和生活的各个层面融入生活方式的教育，对学生实行弹性的管理方式，让管理制度与学生的生活更加贴近，更具操作性，在高校教育的总体目标中加入优化生活方式的内容，让更多高校学生拥有成熟、健康、有益的生活方式。

生活方式可通过休闲的方式得到集中的反映。对于高校学生而言，其日常所选择的休闲方式必然会带有大学生这一身份的痕迹，各高校要结合大学生的兴趣爱好、性格特长、综合素质、经济水平等多种因素对他们进行日常生活方式的培养。让大学生得到方方面面的锻炼，综合素质得到有效提升。让他们由选择较为简单的休闲层次提升到更具参与性、更加高级的休闲层次，大学生通过日常闲暇时光的锻炼，提高自身的德行与修养，在休闲的过程中对自我进行审视、反省，主动提升自我，这些都应包括在高校的教育目标当中。高校通过对学生的日常生活进行管理，引导和帮助他们按照相应的标准提升生活品质，让自己的日常生活方式更加健康。

高校在对大学生开展生活方式的相关教育时，要坚持底线的教育理念及教育方式。底线思维并不是消极被动、处于防范状态的思维方式，也不是让学生简单地按照底线要求无所作为的思维方式，而是一种需要先确定好落脚点，找到可靠支撑，在此基础上寻求进步空间的思维方式。对于在校学生来说，日常生活是其底线，在日常生活中，生活方式是其最基础的组成要素。坚持底线思维的方式审视和引导在校大学生的生活方式，能够让他们好高骛远的心态得到有效的调整，令其更加平和、务实、健康。高校应从学生的日常生活和烦琐事务着手去开展反思教育，而生活方式的教育正是更为恰当的介质。对在校学生日常生活方式的关注，也就是对他们底线的关注，这种教育能够有效地深入到生活的肌理之中，先接触到高校学生的生活底线，再以此为基础做出反弹，这样更有利于大学生顺其自然地接受这种教育。在教育的过程中，学校教师要放低自己的姿态，以一种真诚沟通的态度去面对学生，潜移默化地去改变他们的日常生活方式。

（四）完善高校学生的核心价值观教育

大学阶段的学生有着自己特殊的心理特点，在校学习和生活的过程中，他们的人生观和价值观会逐步得以完善，这对他们一生而言都较为重要，此阶段所进行的价值观教育的效果以及质量将直接影响到他们今后的价值取向，所以高等教育阶段的价值观教育要引起高校以及相关方面的高度关注，社会各界尤其是各高校要拓宽教育渠道，增加教育载体，让这种教育的效果更加明显、更加深刻，也更加持久。通过对学生日常生活进行管理，可以将正确的价值取向渗透进学生的观念之中，将价值观的教育与学生生活融为一体，让教育回归于生活，培养在校学生正确的人生观与价值观。

在塑造和影响一个人的过程中，日常生活起着至关重要的作用，这种作用是持久的。校园内的日常生活组成了学生的活动空间，日常生活对于学生价值观的形成有着重要影响。日常生活会对人产生一种教育和引导的作用，这种教育的作用较为温和，并且是中立的，在日常生活中人世间的千姿百态都会呈现出它的原貌。通过这样的日常生活所教育出来的学生，必然难以掌握其结果。但在进行价值观教育时，要求学生必须树立坚定的信念，确立明确的目标。生活中会有多种多样的异化现象横亘于日常生活与学生的价值观教育之间，但这两者又必须是有机结合起来的,只有让教育与生活相融合,才能让社会主义核心价值观深入学生的内心,使学生抵御各种不正确价值观的干扰。

高校要引导学生开展自我的培育,实现道德的全面转化,这样才能充分发挥价值观教育的作用。大学生在修炼自我价值观时,既要树立远大目标,也要从小事着手。通过不断的道德实践来领悟道德的不同境界,积累更多的道德资源以帮助社会主义核心价值观的顺利形成。日常生活中的大事小事都可以成为价值观构建的细节要素,道德积累也需要循序渐进,经历从量变到质变的过程。

高校学生日常生活管理在学生日常生活中发挥作用,为有效开展社会主义核心价值观教育争取空间和话语权。高校用良好的思想道德以及修养去武装学生,为学生营造更加健康、更加积极、更加科学的生活环境。过去高校的价值观教育通常在课堂进行,在新的形势下,这种教育需要渗透进学生生活和学习的方方面面,以抵御各种消极思想的侵蚀,取得价值观教育真正的效果。

(五)塑造高校学生公共关系形象

作为国家未来的希望和栋梁,大学生是社会舆论关注的焦点,他们在学习和生活中的表现都会受到各方面,特别是媒体的追逐,也容易引起社会的广泛讨论。虽然高校制度越来越健全,但仍有一些真空地带是无法完全触及的,而这些都关系着大学生这一社会群体的整体形象,也是对高校管理技术以及工作智慧的一种考验。高校要注意培养和维护大学生的形象,在日常生活的管理方面做到以下两点。

第一,对学生在校期间的思想与行为进行正确的引导,帮助他们树立正确的形象意识,理解公共关系形象的基本内涵,学会在日常生活中树立良好的公共关系形象。纠正不良的日常行为习惯,对自我进行修炼,提高综合素养。

第二,高校要通过有效的管理来增强学生以及教师传播正面形象的意识,明确各自的责任,让传播的能力以及技术提高,筛选出利于开展教育和传播的精品案例,让高校学生关注对自我形象的塑造,不断提高管理自我、改造形象的能力,从而成为高素质、全面型的人才,在未来的竞争中占据更多的优势。

第三节 现代高校学生心理健康管理

一、现代高校学生心理健康教育的内容与原则

目前高校学生在心理上会有些许困惑和问题,这时心理健康教育就可以为学生传输正确的心理健康知识,帮助学生解答生活、学习、交友以及恋爱等相关方面的疑惑,让学生可以进行自我调节,不让心理问题发展为心理疾病,让学生的身心健康得到良好的发展。心理健康教育的内容主要包括积极适应教育、自我意识教育、学习心理教育、情商教育、社交技能教育和意志力教育等。

(一)高校学生心理健康教育的基本内容

1. 积极适应教育

大部分高校学生对自己没有一个清晰的认知。这是由于他们普遍对自己缺乏全面深刻的认知。对自己没有一个准确的定位,因此无法适应激烈的社会竞争。这时要提醒高校学生做好适应社会的准备,尽快融入高校的学习和生活中来,全面提高自身的综合能力。另外,还应鼓励高校学生勇于剖析自我、了解自我,对自身心理和生理都有一定的了解,学会缓解自身的心理压力,让心理始终保持积极健康的状态。

2. 自我意识教育

高校学生的自我意识得到越来越多人的重视与关注,正确认识自我是个体发展最重要的前提。自我意识是对自己身心活动的觉察,即自己对自己的认识,具体包括认识自己的生理状况(如身高、体重、体态等)、心理特点(如兴趣、能力、气质、性格等)以及自己与他人的关系(如自己与周围人相处的关系、自己在集体中的位置与作用等)。

自我意识具有意识性、社会性、能动性、同一性等特点。自我意识的结构是从自我意识的三层次,即是从知、情、意三方面进行分析的,由自我认知、自我体验和自我调节(或自我控制)三个子系统构成。自我意识的形成原理包括正确的自我认知、客观的自我评价、积极的自我提升和关注自我成长。人生不同的发展阶段,其自我意识的形成各有特点。人格以自我意识为中心,对自身和世界的

认知与领悟都来自自我意识。部分观点认为人之所以可以正确评价和接受自己，就是因为其心理很健康，让现实和理想的自我达到一致。高校学生要想具备健康的心理，就一定要有正确的自我意识。

3. 学习心理教育

学习贯穿整个学生时期，也是高校学生的任务和内容。高校学生的专业技能和知识要通过学习获得，人格发展和心理健康也要通过学习获得。在指导高校学生的心理学习时，要将生理机制、心理机制和在进行学习活动时产生的心理讲解给他们听，让他们用正确的方法来完成高校的学习和生活，不断丰富自身知识架构，保持端正、积极的学习态度，拥有良好的学习动机。为高校学生提供科学、系统的培训，才能让他们对高校的学习和生活充满信心，从而在学习上取得好成绩。

4. 情商教育

情商是指个体理解和调节控制自己以及他人的情绪的能力。在进行情商教育时，高校学生要注重感受情绪、理解情绪，对情绪有自控力，可及时地调整情绪。心理健康、心理承受力和沟通能力都会受到情绪的影响，只有对情绪有更多的理解，才能对这些方面产生积极的作用。在高校学生的日常生活中，情绪容易产生波动以及情绪体验两极分化都会带来负面影响。因此，高校要对这些情况有应对措施，及时调节学生的情绪，采取有针对性的方法，让学生保持心理健康的状态，拥有健全的人格。

5. 社交技能教育

社交技能是高校学生在掌握专业技能之外，可以保障学生在未来的工作中迅速适应环境以及顺利地开展工作的技能。教师在教授社交技能时，可以为学生讲解基本的社交技巧和常识，以情景再现的方式展现社交的艺术性，让学生接受社交，并能够独立处理各种人际关系，从而成为一个具有自主性的个体，使其不再依赖于以往的家庭关系，而可以与更多的人进行交流和沟通。

6. 意志力教育

高校学生的意志力普遍不够强，而在日常的生活和学习中意志力也无法得到锻炼强化，因此，在学校教育中培养学生的意志力势在必行。开展意志力教育的目的在于让学生了解意志所能发挥的作用以及重要性，基于自身所拥有的意志品质，让学生面对困难不再退缩，即使在困境中也能调整自己的心态，对挫折有足够的承受能力，让自己的心理变得更加强大。高校学生在接受意志力教育之后可以成为不怕困难和挫折，努力实现目标的人。

（二）高校学生心理健康教育的基本原则

心理健康教育，是高校学生成才的基础。加强高校学生心理健康教育工作是新形势下全面贯彻党的教育方针、实施素质教育的重要举措，是促进高校学生全面发展的重要途径和手段。遵循高校学生心理健康教育的原则是开展高校学生心理健康教育的基础。

1. 教育性原则

教育性原则是指教育者在进行心理健康教育的过程中根据具体情况，经过认真分析后，应该让高校学生始终拥有积极向上的心态和拼搏进取的精神，从而让学生树立正确的人生观和价值观。社会精神文明建设与心理健康教育息息相关，它可以反映出社会精神文明进步性、时代性的特点。不同的心理问题会在高校学生的日常学习和生活中由矛盾引发出现，从而导致错误行为和观点的产生，此时教育者应倾听他们的烦恼，对错误思想和观点予以全面分析，让学生从正确的角度看待问题，对是非可以正确分辨，打破固有的思维模式。这可以让高校学生不再受心理问题的困扰，保持积极健康的心理状态，有利于学生接受共产主义的教育以及学习辩证唯物主义的思想。

2. 主体性原则

高校学生心理健康教育的研究和发展都是为了更好地服务学生。满足大部分学生的需要是教学计划要首先考虑的，工作目标也应以此为准，保证全体学生的身心健康。如今全体学生作为高校心理健康教育的主要对象，高校在展开工作时并不能像医院服务于个体那样，而是应从全体学生的角度出发，告诉学生心理在健康和不健康时分别是怎样的状态，让学生拥有一定的抗压能力，同时可以学会自己舒缓压力，在心理发生波动时可以及时地进行自我调节，如果在心理上出现不可自行解决的问题时一定要及时请求他人的帮助。

因此，高校在开展心理健康教育时要明确学生的不同需求，立足于学生自身的特点策划活动，让每一次举办的活动都对学生有实际的帮助。将心理健康教育所具备的指导功能通过活动充分展现出来，让更多的学生积极参与，让学生的发展具有全面性和均衡性是高校心理健康教育始终贯彻的目标。

3. 正面性原则

高校学生是明理的，在对他们进行教育引导的过程中要尽量用榜样和正面的例子，不要出现讥讽、嘲笑的言语。教育的场合、教育的时机以及被教育者层次的不同都是在教育过程中不能被忽略的重要因素。要使教育效果最大化，发挥正面教育的作用，就应该客观谨慎、尊重事实、有目的的指导，否则不利于高校学生健康心理的形成。

4. 个性化原则

全体学生都是心理教育要服务的对象，但这些学生在现实中都是个性鲜明、具有差异的个体。因此，个体学生存在的差异是心理健康工作不能忽视的，学生不同，其需要就不同，心理发展的阶段也不同，所以在开展活动时要灵活多变。学生来自不同的地方，年龄和年级也不同，家庭生活环境和社会背景让他们拥有不同的个性，在进行心理健康教育的工作时，教育者要看到这些差异，对学生有全面细致的了解，平等对待每一个学生，在面对不同阶段的心理问题时要灵活多变地应对，让心理健康教育更有针对性，让开展的工作取得更大的成效。

5. 保密性原则

高校心理工作者在展开工作时严格保密学生的病例和隐私，这是保密性原则。对来访者的利益要尽全力维护，在没有得到求助者的同意时绝对不可向他人透露求助者的任何信息，在日常的工作中也应小心谨慎，做到严格保密。心理健康教育和心理健康咨询都必须严格执行保密性原则，这样才能更好地开展后续的心理健康教育工作，使设定的工作目标可以又快又好地实现。

6. 活动性原则

在确定高校学生心理健康教育的内容时，要将学生作为活动的主体，强调要使学生在活动中的心理健康水平得到发展和提高。将多种多样的学生活动与心理健康教育相结合，在活动的过程中充分发挥教育的作用。学生的参与程度是策划活动时需特别关注的，活动的意义在于要切实帮助学生，对学生有启示作用，而不只是为了单纯地举办活动。

二、现代高校学生心理健康教育的方法与途径

高校学生心理健康教育工作可以看成系统工程，方式方法很多，具体可从课堂教学以及课外教育两方面着手，注重日常与平时、指导与教育、帮扶与指导相结合，建立健康的教育网络体系。

（一）现代高校学生心理健康教育的方法

1. 知识传授法

系统、全面地向高校学生传授心理健康知识和心理保健技能，是一种方便又高效的方式。在提高学生综合心理素质时，除了可以采用专家讲座、专题报告以及课堂教学等方式，还可以采用多媒体放映相关影音资料、组织学生进行小组学习等方式。高校学生的心理教育方式应灵活多变，不能过于单一，可以在教学中融入真实情景演绎、真实的心理案例、自我心理测评和分析等各种不同的方式，让教学环境更加轻松和愉快，让学生可以学习到很多知识，从而可以进行自我心理调节，有正确的认知心理，让心理更加全面健康地发展。

2. 学科渗透法

传统的填鸭式教学不能用于心理健康教育上，要根据心理健康教育的特点将其进行拆分，逐步融入日常的教学之中。即使每个学科有不同的教学内容和方式，但在认知时产生的心理活动基本一致，这也是使用这种方式的依据。在进行教育时，学生的配合程度会直接影响最终的结果，因此要让学生有极高的配合度。另外，在教学中融入心理健康教育时要注意方式方法，让学生在不知不觉中接受教育。

3. 活动训练法

要提高高校学生心理健康水平，可以通过开展丰富多彩的与心理健康教育有关的活动，积极鼓励学生参加。这些活动具有更强的针对性，而活动的关键就是其过程，但要特别强调的是方法一定要合适，应该让大部分学生都可以接受。通过开展拓展训练，提高团队的协作能力，发掘每个人的最大潜力。既使学生认识到团体协作对于团队目标实现的重要意义，增进对集体活动的参与意识与责任心，同时也使高校学生认识了自身的潜能，增强了自信心，改善了人际关系，在游戏的同时，也将活动的体验融入日常的学习生活中，促使其健康成长。

4. 磨砺锻炼法

磨砺锻炼法应围绕个体设计方案，教师在为学生制定具体目标之后应指导他们对自己有更加充分的认识，在面对挑战时要充满信心。这种方式可以让学生的主观意志更加坚强和乐观，有利于学生的全面提高。总之，这是一种让心理更加健康的实践行为，但一定是以自我的意识、观念和意志为基础的。通过这些活动可以让学生的意志更加坚强，让学生可以拥有更加健康成熟的心理。

5. 榜样示范法

在进行心理健康教育时，教师可以先为学生制定一个基础目标，之后选择一些在学生周围发生的具有代表性的成功案例与他们分享，让学生从中受到启发并积极提高自身意识。这种方法的关键在于，教师选择的案例要具有指导意义，必须是真实发生的事件，高校学生在教师的指导下深入了解案例，从中受到启发，进而可以自觉地提高自身意识，不断进行自我调整。

6. 心理咨询法

心理咨询法服务的对象不再是全体学生，而是单独的学生个体，是教师直接与个体进行单独的交流，这可以在很大程度上缓解学生的心理问题。教师的日常辅导和答疑解惑是必需的，但关键在于对疑难问题的解答。心理咨询可以更有针对性地解决高校学生存在的心理问题。在咨询的过程中，教师要谨言慎行，对学生要足够的尊重，并理解和保护学生的隐私，与学生进行平等的沟通，采取灵活多变的教育方法，对学生充满耐心。面谈、电话、网络和信件等都是心理咨询的方式，而最常用的是面谈咨询。教师先检查和判别心理和行为，再对发现的问题进行分析和诊断，然后展开干预治疗，最后对其进行评估。可以进行心理咨询的教师必须事先经过专业的培训，并拥有较高的专业水准，相关的从业经验也必不可少。

（二）现代高校学生心理健康教育的途径

高校学生的压力通常都非常大，尤其针对就业等未曾接触过的问题会产生更大的压力，从而凸显心理问题。此外，部分学生综合素质偏低。因此这部分学生在求职过程中经常位于弱势地位，而这通常就是他们在平常生活中心理压力会非常大的原因。这种压力是和社会以及家庭有着紧密关系的，并不是单独存在的。

因此，针对高校学生所面临的种种问题，积极开展有效的高校学生心理健康活动已成为各大高校教学的重点之一。高校学生的心理健康状况是一个综合作用的结果，每一个作用因素都不可忽视。这项工作需要社会、老师、父母和高校学生个人的共同努力，只有这样才能让高校学生心理健康教育工作变得更有效率。

1. 优化高校学生心理健康教育的社会环境

高校是社会大环境中的一部分，而社会的反作用对校园而言是非常大的，学生在一定程度上也会受到影响。目前社会竞争压力增大，学生期望通过多种活动来使自身价值得到展现，这些必定是高校学生的重要磨炼过程。因而学生可能会产生消极思想以及不好的心理状态，并且出现自我怀疑，而这些负面情绪是从评奖的落选以及考试的失败而来。对于高校学生来说虽然知识层面较高，但心理并未成熟。由于社会还存在很多矛盾，所以高校学生心理健康教育的社会大环境要不断加以改进和优化，这有着非常重大的现实意义。

2. 发挥家庭在心理健康教育方面的作用

家庭因素对人成长的影响是较大的。对于人来说最先认知客观事物是在家庭环境中即家长的言谈举止开始的，高校学生在很大程度上所受到的影响来自家长的言谈举止和进入高校之前的自身环境。若抛开家庭教育，那么高校教育也无从谈起。即使高校教育质量较好，若家庭教育不支持，其显著的成果也不会轻易获得。一个人在求学阶段其重要的精神寄托及经济支柱是家庭，因此家庭具有很鲜明的作用，其让人的世界观、人生观、价值观随之产生变化，并且影响高校学生对创业或择业的选择。

对于在校学生，高校需要与他们的家长取得积极的联系，并对创业学生的家长给予特别指导，使其尽量给学生提供物质支撑或者精神激励，从而使学生有信心迎接挑战，并能在事业的开展上满怀热情及信心。为此要想做好心理方面的健康辅导工作，就需要学生父母积极地与校方配合。

3. 学生心理健康教育的积极心理辅导

目前，在高校心理健康教育工作中，作为个体的辅导形式，惯用的是心理咨询及心理辅导，然而针对学生心理问题，对其心理症状进行诊断及消除心理疑惑是高校心理辅导的着重点。因部分学生的心理承受能力较差，就咨询而言，仅是让他们在当时的心理要求得到满足，但在遇到新的问题时仍需依靠心理咨询。

从积极心理学考虑，若想让心理预防发挥真正的作用，那么就不能仅重视个体身上所存留的缺点或者短处，必须对个体自身的积极力量进行更多的发掘，才能让个体内心的平衡得到调适，因此其目的是对心理障碍与疾病进行治疗，并且预防心理问题。为此积极心理学在引导人们探寻积极意义时可以从两个方面着手：一是寻找自身问题出现的原因；二是关于积极的个体体验要根据问题本身将其找出，继而促进个体自身的积极力量，这样就能使消极问题得到化解。

协助高校处理学生的问题以及让学生的人生得到丰富，需要经过积极的咨询与辅导方式的选用。对于高校而言，需要重点促进高校学生在自身积极力量方面的发展。在培养的过程中可以通过运用积极的辅导和咨询方式来提高高校学生的认识能力和自我教育能力。更好地和学生进行沟通，并以此激发他们的认识能力，同时让高校学生能够积极地认识问题的形成，从而让事业得到扩展，依靠积极的力量摆脱心理阴影，继而维持一种良好的心态维持，最终协助学生发掘个人的潜力，推动有心理问题的高校学生完成自我实现及自我恢复，而这些都是经过学生积极的情感能力所得到的启发。对于积极心理学而言，其采取了积极的心理干预技术，此外，关于积极要素的形式通常是采用发掘个体自身所具有的人格力量等。

4. 构建高校学生心理健康自助体系

学生自身力量的施展、心理自助体系的设立、心理健康教育的实行、学生互助以及自助目标的实现，这些都是高校学生心理健康自助体系建立的内容。另外，自助体系的设立能让学生对心理健康问题的认识得到加强，同时让心理知识得以传播，从而树立正确的观点，积极地面对心理健康问题。

建立积极的学生心理健康自助体系可以通过三个方面来完成：一是高校学生团委或工作部设立高校学生心理健康或者心理咨询中心教研室，并在其引导下建立高校学生心理健康教育的学生组织，以此帮助全校学生开展心理健康教育活动；二是在各院系建立学生心理部，学生会负责组织学生心理健康教育的相关活动，对于心理沙龙等活动依据院系专业特征进行开展；三是以班级为单位，班级心理成长小组由有爱心以及心理素质好的学生组成，班级心理成长小组经过辅导员选拔以及学生自愿报名，通过活动，让同学们得到关爱，并能够将同学们的心理障碍及时反馈，还可及时告知辅导员、各院系和高校的心理咨询中心相关心理障碍学生的信息，从而实现早干预和早发现，针对学生的健康成长可提供协助。

5.开展高校学生的心理健康教育课程

高校心理健康教育履行的重要路径是心理健康教育课程的开设,另外保障有效性及科学性最好的方法是把心理健康教育纳入高校教学内容当中。目前心理健康教育课程体系还不够完善,因而高校的课程建设中还未真正地将其纳入,心理健康教育仅以讲座、心理咨询或选修课的形式存在。

6.构建专兼职心理健康教育工作队伍

各高校依据自身要求设立专门的学生指导机构以及心理咨询机构,依据一定的比例进行心理咨询人员的分配,继而创立一支高水平的兼、专职心理健康教育工作团队,并定期开展心理指导或者咨询。同时在实行学生的心理研究时需要设立学生的心理档案,及时对已经出现心理问题苗头的学生进行治疗和谈话,尽量将问题于萌芽状态下消灭。对于其他学生而言,能够普遍理解自己的心理,并准确做出对自我的评价,这就需要定期举办心理方面的讲座。高校心理健康教育是一项专业性很强的工作,而实现心理健康教育教师团队的专业化,就需要教师具备很高的心理健康教育专业素质。因此学生心理健康教育工作的重点是专业化师资队伍的组建。

7.创设有利于学生健康成长的校园文化

良好的校园文化是全校师生进行自我教育、自我提高、自我约束的无形力量,对学生心理健康有着催化作用。优良的校园环境既是高素质、高技能人才培养的需求,也是高校自身发展的需求。因此只有高校提升校园文化品位,丰富校园文化内涵,才能创设与心理健康教育相适的要求。

第一,营造优良的校园文化环境。优良的校园环境有利于学生健康成长,陶冶学生的个性品德;有益于学生情绪的稳定,能够释放心中的不良情绪;此外还能够净化心灵、美化人品,能够让身心得到健康发展以及优化学习,这些都是一个人身处于优美的校园当中所能得到的。另外学生生活和学习的重要场地就是校园,因此需要高度重视优良校园文化环境的营造。对于高校来说需要精心规划及统一布局,并且在相关原理即心理学和美学的引导下,对校园进行精心改造,维持校园的高雅、宁静及优美,并争取让健康向上的气息充满校园的各个角落,从而推动学生的身心健康一直处于积极的影响当中。

第二,开展丰富多彩的校园文化活动。课堂教学之外的校园活动就是校园文化活动，如学会、协会活动以及兴趣小组活动等。另外培养能让学生积极向上及健康发展的有效载体，能够陶冶情操、净化心灵，且能舒缓人的紧张情绪，这就是多姿多彩的校园文化活动，也是最有活力及征服力的活教材，是实现学生心理健康教育的有效形式，还能培养学生的理想信仰、心理素质以及精神面貌。

学校需要准确地了解校园文化活动的意义及性质，才能合理安排相关工作。要在校园文化活动中有意识地引入心理健康教育，其切入点是学生的心理要求，并增强学风、班风以及校风的建设，同时在内容和形式的设计上还需考虑学生的心理要求，且具备针对性、可比性及教育性，保证心理健康教育的有效性与全面性。通常来说，这些可以获得高校学生的积极响应并被许多学生接受。为此在活动当中应尽力营造团结互助和积极向上的良好气氛，才能让学生团结互助，并产生自我展现和公平竞争的积极意识，让学生感受到成功的喜悦与生活的乐趣，从而潜移默化地产生健康心理。

第六章 高校辅导员工作之班级管理

高校的教学工作和教育管理工作均是以班级活动的方式来展开。良好的班级组织对每一名学生良好行为习惯的养成、性格的培养都有巨大的教育作用。一个班级秩序井然不仅有利于班级凝聚力、学生个人集体荣誉感的养成，更有利于创造良好的学习氛围，加强学生精神文明建设，培育学生树立正确的世界观、人生观、价值观。高校辅导员作为班级事务的最主要的管理者、教育者，肩负着优良班风、学风和校风建设的神圣使命。本章主要论述高校辅导员工作之班级管理，详细介绍了班级管理的定义、班级管理的作用以及班级管理的内容。

第一节 班级管理的定义

一、班级的概念

第一，教师和学生共同组成了群体，这就是班级。在学校中，班级是一个基本的单位，很多的学校活动开展都是以班级为单位进行的。在大学，班级的组成有学生、辅导员、学科教师。这个群体主要发生在师生之间，为了实现一定的教育目标，在相互作用中实现教育的功能。教育功能的实现主要原因在于：首先，在这个群体中的学生有着相似的年龄，相似的心理特点和智力基础。其次，在这个群体中有老师有学生，学生是心甘情愿来接受教育的，是可以相互影响的，老师是代表社会对学生进行有目的有计划的教育和影响的人。最后，学生群体具有凝聚力，在成员之间相互竞争中，不断进步，在与人相处中适应集体生活，为了实现集体目标而不断磨合和合作。

第二，学校的基本教育单位是班级。学校为了实现教育目标和教育目的，将年龄相近、知识相似、心理相近的学生分为一个班级，形成具有一定固定人数的基本教育单位。学校开展教育教学活动的基本单位就是班级。学校对学生进行教学、组织教师进行教育、安排课程、组织相应的活动，班级都是非常适合的单位。与此同时，学校所开展的如社会活动、文体活动、公益活动等各种教育活动都是以班级为单位的，这些活动如果以全校为单位进行开展，就不会产生很好的教育效果和成效，也没有适合的时间、地点和场合，将班级作为基本的单位进行活动，便于对学生进行管理，实现良好的活动效果。学校教育工作的重要工作之一就是个别教育，个别教育在学校的实施是以班级为单位的。在班级中进行个别教育是非常有利的，辅导员和班级教师对班级学生的具体情况非常熟悉，面对班级中出现的各种问题和突发事件，可以根据本班级学生的特点进行处理，通过问题的处理了解学生的背景和性格表现，据此来开展教育，实现教育的针对性和专业性，这样也非常容易产生一定的效果。

第三，班级是一种社会体系。班级是一种社会体系主要可以从以下方面体现出来。首先，在班级中，有两个基本的角色——教师和学生，这两个角色在班级中进行交互行为，因此形成了师生关系。其次，处于交互行为的双方——教师和学生，不管是在微观的课堂还是在宏观的社会中，均处于同一个情景之中。最后，教师和学生之间发生的交互行为主要是围绕教育教学活动产生的，这些行为会受到班级群体共同目标的影响，班级规范也会制约着师生的交互行为。立足于班级的社会情景，要想充分发挥班级的社会功能就需要充分利用师生之间的交互作用，只有这样才能培养出具有社会适应能力的学生。班级活动一旦失去学生的个体社会性，离开社会因素，就会失去活力。班级不是社会的缩影，是社会的投影，主要是因为班级不具备构成社会的各种必要因素，但是在班级中可以对社会中的情景、风尚、道德、价值观念、人际关系等进行反映，作为班级的管理者，辅导员应该对这些在班级中出现的社会问题予以及时妥善的解决。

二、班级管理分析

管理即对一定范围的人员和事务进行安排和处理。它是一个协调工作活动的过程，以便能够有效率和有效果地同他人一起或通过他人实现组织的目标。管理以计划、组织、领导、控制为职能，以实现有效的社会协作为最基本的任务。以组织为最基本的形式，以处理人际关系为最主要的内容，以变革和创新为发展的主要动力。

根据管理的上述一般定义，我们可以将班级管理定义为：所谓班级管理、就是在特定的社会环境和校园环境下，学生、老师和学校为实现班级管理的目标，对班级所拥有的资源进行有效的计划、组织、领导和控制的过程。[①]班级管理活动不是静态的过程，是一个动态的过程，班级管理的主要目的在于实现一定的教育目标，使得班级中学生得到健康的成长，获得长远、全面的发展。

对班级中的各种资源进行管理是班级管理的主要人物，主要的对象是班级学生，主要就是对班级学生进行管理的活动。班级管理的主要手段是计划手段、组织手段、控制手段、协调手段。班级管理是一个对活动进行组织的过程，是一个师生双向互动的过程，参与班级管理的是学生和教师。构成班级管理的是教师的管理和学生的管理（班委）。

（1）常规管理

班级常规管理主要指的是采用规章制度的方式对班级活动进行管理。学生在学习和生活中应该遵守规章制度，规章制度对学生具有教育组员、控制作用、管理作用。制定规章制度可以使班级的各项规章稳定推进，让学生养成良好的行为习惯和形成优良的班风。

（2）平行管理

所谓的平行管理主要指的是通过集体管理影响个人行为，个人的管理影响集体，将个体和集体相结合的一种管理方式。

（3）民主管理

班级的民主管理指的是班级成员参与班级管理的一种方式，这种方式的前提条件是班级成员服从班级的正确决定，敢于承担责任。班级的民主管理强调对每个学生的主人翁精神进行发挥，让学生成为班级的主人，处于主导地位。

第二节　班级管理的作用

班级是学校教育工作的基层组织，是大学生接受教育的最直接的课堂，学校各项人才培养目标主要是通过班级来实现的。大学生由自然人变为社会人的演化

---

① 万成海.高校班级建设的管理学思考[J].襄樊职业技术学院学报，2005（03）：117-121.

过程主要是在大学的班集体里完成的。随着社会的进步，人们受教育年限的延长，良好的班集体对公民健康人格的塑造及知识的掌握和能力的提高，都将发挥更大的作用。

一、价值导向作用

处于青春期的大学生普遍表现出思维活跃、精力充沛、好奇心和好胜心强、是非观念较弱的特点。由于青年学生尚未形成较为成熟的世界观、人生观、价值观等价值导向，在生活中会有很多迷茫、困惑，甚至会犯一些错误。班级是大学生的基本组织形式，是大学生自我教育、自我管理、自我服务的主要组织载体。因此，在班级管理中应注意以下几方面的价值导向：首先，应在价值观方面充分发挥其引导作用。帮助大学生树立社会主义核心价值观，即包括坚持马克思主义指导思想，坚持中国特色社会主义共同理想，胸怀以爱国主义为核心的民族精神和以改革创新为核心的时代精神以及坚持社会主义荣辱观等。其次，应在学风建设方面发挥其引导作用。许多初踏入大学校园的学生，由于环境陌生等因素影响导致学习目的不明确、学习方法不科学、学习成绩不理想，以至于许多同学只是为了应付期末考试而进行突击学习，其他时间则自由散漫。大学生是国家未来建设的栋梁之才，他们的综合素质与内在素养在某种程度上决定着国家未来的发展，因此，大学班集体要通过加强学风建设，帮助同学们有目标、有规划、科学地学习，并适时通过各种班级活动丰富、充实青年学子的大学生活，培养他们多方面的能力，提升其综合素质。最后，应在校园文化活动方面发挥其引导作用。由于大学生活更为注重自主学习的能力，由学生自己支配的时间较多，同时又有着丰富多彩的娱乐方式，往往在这种情况下很多学生会无所适从。加强班集体建设，应通过组织开展丰富多彩的班级主题活动，引导、教育学生团结努力、积极进取，并通过一定的班级管理及活动的锻炼，为其成长成才及今后步入社会打下坚实的基础。

二、精神激励作用

激励教育是当前国内外较为推崇的教育模式，注重通过外部激励与对学生的内部激励相结合，激发学生的高层次潜在需求，调动学生的自主学习积极性及相关需求，激励学生主动发展。发挥班集体的激励作用就是将激励教育的思想与策略同班集体建设结合起来。在实践中，我们发现激励教育与班级建设相互促进，班级建设无疑需要对学生进行激励，激发学生建设班级的积极性；而高效运行的班集体则又能通过崇高的班级愿景、积极向上的班级文化、健全的规章制度等方面合力对班级成员发挥强有力的激励作用，促进学生的健康成长。

发挥班集体的激励作用应注重激发、满足学生积极向上的心理需求。在具体实施过程中应注意以下几点：首先，要达到学生的期望性、整体性、发展性、统合性和适应性目标，同时要使学生获取达到目标的自我肯定与自我激励；还要与情境性、情趣性、发展性及学生积极主动参与的活动相配合，并对学生在活动中的表现给予肯定；并且，要通过民主的方式让学生参与到班级制度的制定、班级的管理和评价活动中来，以民主、健全、权威的组织机构及班级管理规范做保障，促成班级管理的有序进行及成员间的团结协作。其次，要建立积极的人际互动关系网络，以班集体的整体提高作为班级建设的根本目标，通过教师与学生、学生与学生之间的互动与沟通，实现共同活动的资源共享与思想交流。民主、和谐、激励的师生互动方式，是发挥班集体激励作用的先决条件。

三、行为规范作用

通过规范学生的日常行为使学生形成自我约束机制，既利于维护高校稳定和谐，也有利于学生自身的发展。通过制度建设体现班级管理的规范化，健全班级制度，从而调控和影响班级主体成员，是班级民主化管理的基本内涵。制度建设主要以培养"四有"公民为目标，坚持以人为本的发展观，在尊重学生各项基本权利的前提下，强化班级的基层民主建设与学生自我管理，并做到管理上的具体化、明确化与可操作化。在具体实施过程中要注意以下几点。

首先，强化学生的法律规范。法律规范是大学生行为的最根本依据，在班级管理的过程中，一切行为都应以法律为基础。具体来讲，主要包括两个方面，一是树立法律至上的理念，任何约束学生行为的做法都应有合理的法律依据；二是在有法律基础的前提下，注重程序的合法性。通过这种合法性的班级管理，学生的法律规范意识得以提高，杜绝违法犯罪行为的发生。

其次，维护学术道德规范。引导学生遵守国家相关的法律、法规，维护学术道德，严明学术纪律，规范学术行为，端正学术风气，进一步强化学术诚信，杜绝各种学术不端行为，崇尚严谨求实的良好学风。

最后，礼仪规范教育。引导学生注重课堂礼仪，遵守课堂纪律，做到不迟到、不早退、不旷课；讲究服饰礼仪，做到穿着合体，整洁大方，讲究场合；注重交往礼仪，与老师、同学保持良好的人际交往，尊敬师长，团结同学；遵守公共场所礼仪，引导学生自觉遵守和维护公共场所管理规定。

通过各种行为规范，促使大学生更好地做到自我管理和自我约束，培养团结协作意识和良好的道德行为规范，为更多的年轻人树立典范，从而维护班级、校园的和谐稳定。

四、集体凝聚作用

马克思强调，人是社会关系的总和，人是社会中的人，社会是人组成的社会，人不能脱离社会而存在。而在高校，大学生同样离不开班集体，凝聚的作用就是要把班集体全体人员团结成一个统一的有机整体并确保其和谐共存与发展。团队意识与集体精神已成为时代对大学生提出的一种重要素质要求，也是班集体建设的一个重要方面。

班级的集体凝聚力能够有效地提升班级成员的团队意识，有利于增强学生的集体归属感，是激发学生集体荣誉感，培养集体主义精神的重要力量，同时也势必推动学生整体素质和能力的提高以及和谐班集体的建设。在班级建设过程中，重视和发挥班级的集体凝聚作用，要注意以下几个方面。

首先，要形成班级建设共同的目标愿景。这一目标集中体现为班集体成员共同的价值追求与心理意识。富有使命感、自豪感与荣誉感的心理认知与价值观念，可以激发全体成员对班集体目标愿景的向往与追求，使其在班级管理与建设过程中，能够使个人和班集体同甘共苦，学生之间、师生之间心心相印，感受到"你中有我，我中有你"春天般的温暖与源源不断的支撑力量。

其次，要注意营造班集体的民主氛围。民主和集中是相辅相成的，在发挥班集体的集体凝聚作用过程中，要首先注重民主氛围的营造，只有在民主的氛围下，班级成员共同参与到班级的各项活动中，群策群力各尽所能，才能更加齐心协力地为班级的进步而努力，并共享班级成果。班级民主化管理最大的特点就是把班上的每一个人包括师生个人的利益与班集体的命运和声誉凝聚在一起，在班级建设中更好地体现班级的集体凝聚力。

最后，要注重班级团队意识的培养。班主任和班干部可以通过有意义的班集体活动，比如各类主题班会、党团活动等，激发学生的自主参与意识，形成强大的班级向心力与团队意识。同时，要注重通过一些对外交流与竞争来激发同学的集体荣誉感与团队意识。这是在外力作用下增强集体凝聚作用的一种体现。在交流中可以获得经验与智慧，在竞争中可以发现问题与不足。班级所有成员在集体交流与竞争中共同承担班集体的成败得失，也为促进同学关系与和谐班级建设创造了良好条件。

五、情感交流作用

刚刚步入大学阶段的青年学生来自全国各地，许多是第一次远离家乡和亲人来到遥远陌生的城市开始新的学习生活。温暖的班集体是他们获得情感信任与依托的归属地，是相互之间建立互信互助同学情谊的心灵港湾。大学班级情感交流作用的发挥，有利于他们以积极、健康、稳定的心态面对校园生活，但是青年学生多为独生子女，团结意识、互助意识以及情感交流意识不强，导致班级观念弱化、班级凝聚力较弱、班级成员缺乏归属感的现象普遍存在。这种现象的发生，一方面，与独生子女的成长经历有关，在他们的成长环境里，"分享"与"互助"的经历较少；另一方面，由于同学们对班集体的期望过高，在一段时间与班级成员磨合之后易形成心理落差。因此，发挥班集体的情感交流作用，构建学生的情感归属与寄托，是班级建设的重要内容之一，也是当前班集体建设亟待加强的一部分。

针对上述问题，在班级管理过程中，首先，要重视为学生创造家庭般的温暖。强调集体观念，摒弃个人主义和小团体主义，使之融入班级的大家庭中，教育他们团结、谦让、互助、合作，并在这个过程中培养感情。其次，要注重对学生心理方面的正确引导。引导学生不断正确认识自我，增强自我调控、承受挫折、适应环境的能力，培养学生乐观向上的心理品质，促进学生人格的健全发展，使之成为具有较强的人际关系处理能力和自我调节能力的综合素质较高的人才。最后，要重视组织和参加以班级为单位的集体活动，在活动中提升集体观念和集体凝聚力，增强学生对班集体的归属感和学生与学生之间的情谊。

班集体是按照班级授课制的培养目标和教育规范组织起来的，以共同学习活动和直接性人际交往为特征的社会心理共同体。在这个共同体中，大家平等相处，以诚相待，互帮互助，一起分享班级的成功和荣誉，共同承担班级的失败和挫折。班级的情感交流作用促进了学生与学生之间深厚情谊的建立。班级的情感交流作用不仅促进学生在校期间建立深厚情谊，而且这种情谊分享在其一生中都将不断延续和发展。

第三节　班级管理的内容

一、班级思想管理

班级思想管理是辅导员日常工作的重点。当代大学生出现了新的特点，他们的理想信念普遍趋于务实，思想政治观念日益理性，道德理念总体积极向上，但是角色认识相对比较复杂，自我意识日渐彰显，认知与行为相对有所脱节。辅导员要以大学生全面发展为目标，充分了解和把握学生的思想特点，积极推进班级思想管理日常化。

（一）思想政治教育

《国务院关于大力推进职业教育改革与发展的决定》指出："要根据不同专业、不同教育培训项目和学习者的实际需要，实行灵活的学制和学习方式，推行学分制等弹性学习制度，为学生半工半读、工学交替、分阶段完成学业等创造条件。"在这种学分制度下，学生的离散现象日益明显，学生的个性化教育越来越重要，原有的思想政治教育方式和教育功能都不同程度地被削弱。

因此，班级作为学生管理的最基本单位，要发挥好思想政治教育的载体功能。通过各种方式、途径加强学生对党和政府政策的了解。思想政治和党建工作是紧密相联的，大学生在学校积极地追求入党，追求思想向上。在大学生中发展党员工作就是加强大学生思想政治教育。

党员的带头作用，能够更好地促进班级管理。班级党建工作很多都是班级管理的内容，通过班级党建工作的开展，使班级同学积极学习党的理论、方针、政策，增强思想意识，提高政治修养，营造出积极向上的班风。党支部建立在年级班级，可以用党员的表率作用带动全班同学，用党员的人格魅力感染全班同学，用支部的组织力量带动全班同学，增强班级的凝聚力和向心力。

此外，高等学校开设的思想政治理论课、利用网络交流讨论国家事务、辅导员开班会学习讨论、辅导员和同学谈心也会起到很大的作用。这些方式都会不同程度影响着大学生的政治思想，也对大学生进行了思想政治教育。具体的方法有：学校开设的思想政治理论课可以在理论上让学生们有一定的了解，可以更好地引导学生；也可以建立属于班级自己的交流平台，让大家在同一平台上交流，各抒己见，让有较高思想政治素养的老师和同学潜移默化地影响班级的每一位同学；辅导员通过开班会的形式，组织学生进行思想政治的学习思考与交流讨论等。

（二）道德教育

道德教育是道德活动的重要形式之一，它是指一定社会或集团为使人们自觉遵循其道德行为准则，履行对社会和他人的相应义务，而有组织有计划地增强系统道德影响。同时它也是一定社会或集团的道德要求转化为人们内在品质的重要条件之一。道德教育包括三个相互联系的方面，分别为发展学生的道德认识、陶冶学生的道德情感、培养学生的道德行为习惯。

当代学校道德教育的重点在于培养学生的道德判断力和道德敏感性。道德判断力即运用一定的道德标准对一定的事件或行为进行对与错、当与不当的判断的能力；道德敏感性即敏锐地感知、理解和体察自己、他人及社群的情感、需要和利益的能力。大学道德教育的途径很多，如课堂教育、活动教育、党团工作、管理教育、咨询服务、社会实践等。

高校宣传马克思主义理论和开设思想品德课是对大学生进行思想政治和品德教育的主渠道和主阵地，在培养大学生成为社会主义事业的建设者和接班人方面发挥着重要作用。马克思主义理论可使学生逐步确立科学的世界观和方法论，提高他们观察、分析和解决问题的能力。思想品德课可使学生树立正确的价值观、人生观、法治观和道德观，能使他们在政治上、思想上、道德上同步和谐发展。

当前形势与政策教育，也是课堂教育中不可缺少的环节。大学开展的思想品德评定、评"三好学生"、评奖学金的"三评"活动，不仅是引进竞争激励机制的重要体现，也是不可缺少的大学德育途径。它可在各方面激励学生开展友谊竞赛，增强学生的自我教育能力，提高学生要求进步的自觉性，营造出人人争上游、个个创先进的良好氛围，从而培养学生良好的道德情操，促进学生的全面发展。

党团工作是加强高校德育工作，进一步坚持社会主义办学方向，落实德育首位的关键途径。它包括学校各级党校、团校教育，党团建设及活动，党员教育以及学生会工作等。德育本身就是党的一项重要工作，而共青团又是党的后备军和得力助手，因此，在加强党团建设的同时，也要充分发挥大学生党团组织、学生会等在德育工作中的重要作用，努力通过党团工作落实德育目标。管理教育既是一种寓德育于管理之中的有效途径，又是德育工作现代化的重要特征。

对学生的教育活动是在各种外在因素的综合作用下进行的，它是一个综合的教育过程。学生是否能够拥有良好的思想品德和行为习惯，不仅要靠思想教育，还必须辅以必要的管理教育。只有通过管理教育，学生学到的知识、技能、榜样等外在教育因素才能内化。咨询服务是一种通过咨询的方式为大学生提供服务，从而对他们的道德进行教育的形式。如何才能充分利用和扩大社会环境中积极因素的影响，抵制消极因素的影响，把社会对学校有益的自发影响转化为教育规律支配下的自觉影响呢？这就要求我们把学校教育同社会教育结合起来，把优化学校环境同优化社会大环境结合起来，创建一个大学生公民意识教育的校园环境。

二、班级学风建设

班级学风建设首先要从新生入学教育开始抓起，良好的目标是成功的一半。高中阶段以考上大学为目标，而上了大学以后，很多同学却失去目标，失去了前进的动力。他们没有远大的理想和抱负，他们没有树立正确的人生观、价值观，不知为何而学。他们在大学中，没有了家长的约束、班主任的监督，很多新鲜好玩的事情使他们目不暇接，占据了他们放松的思想。因此，在新生入学阶段，最重要的是让学生明白为什么要学习、如何学习，加强学生的主动学习意识。

让学生主动学习就必须找到学习的动力，学生的学习动力有很多，如家庭的压力、对专业课的兴趣、对就业前景的分析等，不管是哪一种原因，辅导员都要善于抓住学生的学习动力，并加以引导，让他们更加明确学习的目的，更加自主地学习。同时，做好职业规划，有计划、有目的地去学习。不仅仅要学习专业课程知识，同时也包含对人生生活态度、职业发展、人际关系、自我情绪控制等的感知与思考，培养学生的学习能力。学风优良的班集体对于学生的学习成长起着巨大的作用。班级要加强对学习重要性认识的宣传，通过各个方面来营造学习氛围。同时，还要加强对少数学生的引导和约束，帮助他们认识学习的重要性，让他们去主动、自主地学习。

辅导员应使学生对本专业的课程体系有一个整体上的认识。除此之外，还要介绍大学生们必须要考的证书以及重要的课程，让新生对自己的大学生活有个整体上的了解，以便今后有重点有目的地进行学习。除开学教育外，辅导员还要加强班级干部队伍建设用以营造良好的学习氛围。首先，班委选举时要坚持公平、公正、公开的原则。选举愿意为班级同学服务，同时又具备一定群众基础的学生。其次，辅导员还要对班委进行班级干部培训，在培训中要指出班级干部的主要任务，还要对班委的职责加以明确，让班委更加明确地为班级学风建设作出贡献。最后，还要对各班委进行年终考核，对不负责任的班委可以考虑进行批评或者更换。表现优秀的班委要交流自己的心得与体会，给其他班委提供一个学习的机会。通过完整的班委制度培养出优秀的班委，通过班委的优良学风带动整个班级的学风。

除班级干部建设外，还要加强对班级制度的建设，这有利于班级的学风建设。良好的班级制度会约束每一个班级成员，也会使每一个成员都愿意去遵守。渐渐地就会使每个学生养成一种遵循班级制度的习惯。因此，班级制度中要对班级的学风有所规定，如不允许挂科，一旦挂科的惩罚措施。当班级制度形成一种威信时，挂科的人数自然会减少，当然这还得需要辅导员和班委在平时多做工作，加强班级成员的学习意识。

三、班级制度的建设

制度建设是抓好工作的根本要求。班级制度的建设至关重要。当代大学生自我意识比较强，对很多活动没有兴趣，抗挫能力和心理承受能力比较差，遇到问题常常选择消极回避的态度，过分追求自由，降低了法纪、班纪的约束力。

此外，很多学生沉迷于网络，夜不归宿，在寝室抽烟等，存在不遵守制度规定的现象。就目前来看，我国高校大学生班级规章制度建设的现状不容乐观，班级制定的一系列有利于班级建设的方针、政策、制度等难以落实。班级规章制度是为了实现班级管理目标而要求全体学生共同遵守的行为准则，是管理班级按一定程序办事的规程，它是班集体制度建设的一个重要方面。

一个班级要有制度才能规范班级发展，才能科学有效地管理班级。"没有规矩，不成方圆"，要结合班级实际情况来制定具体制度，如针对学习目标，制定班级上课守则和考勤制度；针对基本素质目标，制定"班级公约""寝室公约""大学生文明素养养成细则"等。通过班级制度的保障，来促进班集体建设目标和个人目标的实现。

制度制定之后要广泛地进行宣传，要让大家了解新制度制定的内容、目的，并确保同学们真正理解和认同制度的内涵。班干部切实发挥积极带头作用是一种无声的宣传，为考勤、课堂纪律、评优、批评惩罚和学习上的互助制度的有力实施提供了保障。另外，对优秀学生个体表现的肯定和表扬也会极大促进从众和模仿行为的出现。除了对班级制度进行宣传外，还要加强班级制度的执行力。

对违反班级制度的学生进行适度的教育，让他们真正地意识到自己的错误，并要求其加以改正。建立班级制度时，首先，要坚持在学校各项工作的指导下，在辅导员或班级导师的指导下，在班委修订班级制度的前提下展开。其次，要充分考虑全体学生的实际需要。要结合学生的年龄特点，充分发挥学生的主动性，让学生自主讨论，制定出相应地切合实际的制度。最后，要通过班级全体同学充分地公开讨论、民主决议而产生。班级制度产生后各个成员会在班级舆论的压力下，转变自己的思想与态度，服从群体的规范准则。

这种服从并非自愿，要采取细致、具体、全面、客观的配套措施。发挥班级榜样的示范作用，并形成有力的班级舆论的氛围，使个体的行为要符合制度的要求。可以组织学生进行评比与自我检查，增加制度执行的自觉性。发动学生党员、班干部进行有效的监督，以保障制度的有效实施。尤其是对于第一个违反班级制度的同学，一定要慎重对待，严肃处理。在班级制度刚建立时班集体要奖惩分明，保持对学生行为评价的公正性，让学生有认同感。要把学生个人的奋斗目标同集体的奋斗目标结合起来，让学生在集体荣誉的感召下，自发地去遵守班级制度。

四、班级文化管理

一个班集体内部共同的、独特的价值观、思想、作风和行为准则的总和是班级文化的集中体现。班级文化是一个班集体形成和发展的基础，它的平台是班集体，主体是老师和学生，内容是由班级的制度、精神、物质文化所组成的。班风则是班级文化的最终体现。同时，班级文化也是影响学生综合素质的重要因素之一，对学生也是有着潜移默化的影响。因此，班级文化管理是校园文化建设的重要组成部分，是校园文化精神的根基。班级文化有着隐性的教育力量，能凝聚、约束、鼓舞、同化周围的同学，使同学身上带有班级文化独特的气质。因此，班级文化管理至关重要，而且任务重、用时长，需要辅导员把管理班级文化渗入平时工作当中，使它发挥重要作用。

班级文化能使班级同学通过班级活动形成共同的价值观和行为准则，并且能通过物质甚至精神展现出来。这种"价值观念和行为准则"尽管不是明确的指令，但一经形成，班级成员会自觉地遵守和维护。他们自身的观念、行为、态度逐步与周边良好的氛围趋同，从而从深层次接受教育。一旦形成良好的班级文化，将会达到从点到面的效果，同时，使更多的同学受益。在班级文化的管理过程中，可以从构建班级物质文化、班级制度文化和班级精神文化三个方面着手。

（一）构建班级物质文化

寝室生活是大学生主要的班级物质生活环境，其中最重要的是寝室卫生问题。良好的寝室卫生是良好的班级物质生活环境的体现。要保持干净的寝室环境，需要培养学生良好的卫生习惯。制定严格的卫生制度，让每个人都参与进来是保持良好的寝室卫生的重要举措，而且要定期对寝室卫生进行检查和评比，这样同学才会有上进意识，主动保持良好的寝室卫生。除此之外，还要对寝室进行美化等。渐渐地，同学就会养成良好的习惯。除建立班级制度外，还有更好的方法让同学们主动保持寝室卫生，例如，每年举办寝室文化节，就能够促进学生对寝室进行美化。还有，学校、学院对寝室卫生及安全要进行定期检查，排除不安全因素。班级作为学校的最基本的单位，也可组建自己的自我管理组织来监督班级的寝室卫生、安全等各项情况。

（二）构建班级制度文化

学生日常行为规范和学校的相关制度是班级制度文化建设的重要依据，但要根据班级实际情况体现出班级特色。良好的班级制度文化建设为班风提供了良好的保障，因此班级制度文化建设是十分重要的。班级制度有很多，如班级学生综合素质考核制度、班级一周工作总结制度、班干部定期会议制度、突发事件处理制度、卫生管理制度等。要根据自己班级的实际情况具体制定符合自己班级的制度，只有这样才能更好地形成班级的制度文化。新生入校之际、班级成立之初是制度建设的最好时机。新生入学之际，就要做好入学教育，要让每一位学生了解学校的行为规范，重视行为规范的落实，同时制定班级的规章制度。当然，制度的实施要持之以恒，制度的执行一定要长期坚持，不能朝令夕改，更不能只制定不执行，要长期坚持，注重落实。班级制度是针对全体学生的，一定要保证规章制度的公开、公平、公正。

（三）构建班级精神文化

班级精神是学校在发展和办学过程中各个班级形成的具有特色的、并为学生和老师所认同的信念、价值观和行为准则的总和。它是一种巨大的精神力量，渗透到班级的各个方面，是一个班级的凝聚力和向心力的基础，对班级学生的行为规范和品格塑造起着潜移默化的作用。班级精神文化是班级文化的重要内容，它包括班级精神、班级凝聚力、团队意识、班级文化活动等内容。这些内容能反映学生价值观、人生观深层次的精神文化。其中，班级精神的培养是重中之重，它是一个班级的灵魂。

第七章　高校辅导员工作之大学生日常事务管理

大学生日常事务管理是学校管理的重要组成部分，而学生管理的方法是否得当直接影响学校所培养出的学生的质量。探讨学生日常事务管理的相关内容，是高校辅导员促进学生教育和管理工作科学化、系统化、规范化和现代化无法回避的基本问题。本章主要论述高校辅导员工作之大学生日常事务管理，内容分为两部分：大学生日常事务管理概述和大学生日常事务管理的主要内容。

第一节　大学生日常事务管理概述

一、大学生日常事务管理的含义

大学生日常事务管理是学校管理系统的重要组成部分，其管理水平将会直接影响学校培养出的学生质量。探讨学生日常事务管理的目的、内容和意义旨在推动学生教育、管理的科学化、系统化、规范化和现代化。那么，大学生日常事务管理究竟是什么？有学者指出，大学生日常事务管理是学校对学生在校期间的学习和活动进行规划、组织、协调、控制的总和，它是高校辅导员组织指导学生，按照教育方针所规定的教育标准，有组织、有目的、有计划地对学生进行各种教育，使学生在德、智、体、美、劳等方面都得到发展，成长为社会主义事业的接班人的过程。[①]

从这一定义，我们不难看出大学生日常事务管理具有以下两方面性质。

第一，大学生日常事务管理内容复杂、涉及面广。大学生日常事务管理作为学校管理系统中的一部分，分布在学校学生生活的各个领域，包括新生入学教育、

---

① 罗双凤.教育管理学[M].北京：中国人民大学出版社，2010.

纪律管理、班级管理、公寓管理、奖罚管理、国家助学贷款管理、特殊群体的管理、公民道德教育、理想信念教育、民族精神的教育、毕业前教育、学生安全教育、毕业生就业工作、家访、实践教育和科技创新等诸多方面。虽然管理内容复杂多样，但它们都具有整体性、目的性等共同特征。

第二，学校和学生作为学生日常事务管理的主客体，在不同情况下，可以相互转换。一般说来，学校是管理的主体，学生是被管理的对象，也就是客体。但是，学生又不仅仅作为客体存在于学生日常事务管理当中，有时他们也是学校管理的参与者，在参与管理的过程中，学生的主体性不断增强。从这一层面上看，学生应在学生日常事务管理中充分发挥自我管理的主体作用，做真正意义上的自我管理。

二、大学生日常事务管理的目的和意义

大学生日常事务管理在不同的时期有不同的目的、意义以及内容，会出现不同程度的变化，但是从整体上来看，大学生日常事务管理的根本目的和意义是具有继承性和发展性的。

（一）大学生日常事务管理的目的

大学生日常事务管理的宗旨是为学生服务，主要的目标是为了帮助学生养成良好的行为习惯和学习习惯，养成良好的生活习惯，树立正确的工作态度，帮助学生形成艰苦朴素、自力更生的精神和品质，在学校中营造出文明和谐的文化环境，让学生在这样的环境中实现自我发展和自我成长。

在过去，学校大多是强制管制学生的日常事务，而在新时代的今天，一味地管制学生则不利于学生主体的积极构建。高校辅导员应加强学生自我管理的意识，培养学生的创新精神。

（二）大学生日常事务管理的意义

大学生日常事务管理具有多重意义，从不同的角度出发也具有不同的意义。

从学生角度来说，学生的日常事务的管理对自身的健康成长是有利的，可以促进学生的全面发展。对学生事务进行有效管理可以保证学生有一个健康的、适宜的外部环境。对于青少年而言，自制力不强，如果不进行管理不利于成长。有

效的学生日常管理可以对学生进行规范，起到导向的作用，为学生的成长提供良好的外部环境。学生在日常事务管理规范中可以明确自己可以做什么，不应该做什么，以此来约束自己的言行举止，学会为人处世，养成良好的行为习惯，形成良好的道德品质和高尚的品格。与此同时，还能促进学生不断提升自我管理、自我发展的能力，引导学生进行自我教育，实现学生自律、自治、自立、自强。①

对教学来说，学生日常事务管理中所涉及的各项活动都是为教育教学服务的。科学有效的管理模式有利于维护正常的学校教育教学秩序和学生生活秩序，保证教育教学有序地开展。同时，学生日常事务管理能够引导学生形成良好的学习、生活和行为等习惯，从而提高教育教学的效率。从某种意义上说，科学有效的学生日常事务管理是教育教学活动正常开展的保障，是实现教育目标的基石。

对于社会来说，学校作为社会组织体系中的一部分，与社会紧密地联系在一起。因此学生日常事务管理同样对社会具有影响作用，它是学生个体社会化的重要途径之一。学生日常事务管理的各种制度、规范都是符合社会要求的，高校辅导员通过一系列活动向学生传达被社会所允许和接受的知识、价值取向和行为规范，消除学生存在的错误观念和不良行为，以保证学生的健康成长，对社会的安定和积极向上的发展也具有重要意义。

三、大学生日常事务管理的基本原则

大学生日常事务管理是一项复杂的系统工程，因此，高校辅导员必须遵循一定的原则去管理学生的日常事务，才能达到事半功倍的效果。管理好学生日常事务，首先要了解和尊重学生，树立科学的学生观，其次还要建立健全学生日常管理机构与制度，保证学生日常事务管理的顺利进行。

（一）了解和尊重学生

学生是学校的主要管理对象，因此，高校辅导员首先要尽可能全面地了解学生。高校辅导员可以从学生的身心发展特点、生活经验和需要等方面入手，并尊重学生，这是开展学生日常事务管理的基本前提。

---

① 吴志宏，冯大鸣，魏志春. 新编教育管理学[M]. 上海：华东师范大学出版社，2008.

（二）科学的学生观是日常事务管理的核心

所谓学生观，就是高校辅导员对学生的基本看法，它决定着高校辅导员进行学生管理教育的行为，决定着高校辅导员与学生交往过程中的工作态度和工作方式。不同的学生观产生不同的管理方式，进而形成不同的教育成果。

科学的学生观是学生日常事务管理的核心，学生观的科学与否直接影响学生教育与管理的成败。因此，高校辅导员必须树立正确的、科学的学生观，并在此基础上构建科学的学生日常事务管理体系，指导学生管理的实际活动。

（三）机构与制度建设是学生日常事务管理顺利进行的保证

构建学生的管理组织机构可以从纵向和横向两方面来考虑。在纵向设置上，应设立从中央到地方直至学校的学生管理的垂直体系。在横向设置上，需要建立教育系统与家庭及社会各界的横向联系机构，以强化教育行政部门、学校、家庭和社会之间的联系，吸纳社会各界共同参与到学生事务管理的过程当中。同时，学生事务管理的相关制度也要不断革新与完善。制度要明确各管理机构的职责、权限以及工作形式等。还要规定学生学习、工作和生活等方面的制度，使学生的行为标准真正做到有据可依。

第二节 大学生日常事务管理的主要内容

高校辅导员为学校坚持社会主义办学方向，全面贯彻党的教育方针，培养德、智、体、美、劳全面发展的社会主义事业建设者和接班人提供了有力的保障，是一支不可或缺的重要力量，是开展大学生思想政治教育工作的骨干力量，是高校学生思想政治教育和日常管理工作的组织者、实施者和指导者。因此，全面了解大学生日常事务管理的主要内容对高校辅导员来说，具有指向性作用。

一、新生入学管理

很多辅导员和教师很容易忽视对学生的新生入学管理，殊不知对新生入学教育的管理，能够为以后四年的学生日常事务管理起到很好的开头作用，甚至起到事半功倍的效果。新生入学管理主要包括学生入学教育、自我管理能力、国家助学贷款管理、特殊群体管理等几个方面。

（一）新生入学教育

大学生活的开始，正是新生独立生活的开始。为使新生能够尽快适应新的生活，高校辅导员有必要进行新生入学教育。

第一，高校辅导员应在学生入学初统一召开新生教育会议。首先，辅导员要向新生介绍本地气候环境和学校及其周围的人文地理环境，以便加强安全管理，提高新生的安全性系数。其次，要向新生介绍学校规章制度、管理规定的内容以及精神实质，以便日后的高校教育能够顺利进行，避免学生在不知情的情况下违反了校纪而被学校处罚。辅导员应强调制度的重要性，要求学生严格要求自己。只有遵照学校的规定，才能保证学生顺利毕业，从而发展成全面的人才。最后，辅导员应对学习问题进行重点强调。大学不像高中，几乎都是自主学习，如果学生不重视学习成绩，势必会导致自身的堕落，成绩的下降，荒废学业的同时虚度了大好青春。因此，辅导员要帮助学生确立正确的学习目标，详细地规划大学生活。学生应以就业为导向，完善自己的知识结构，扎实学习专业技能，拓展知识面，做好知识储备，为将来的成功就业打下坚实的基础。

第二，军训。军训可以帮助新生培养基本的独立生活能力，养成良好的生活习惯，培养坚毅的品质，为今后的大学生活打下坚实基础。

第三，组织一些竞赛、评比活动。竞赛、评比活动可以让新生充分认识遵纪守法、明礼诚信的重要性和必要性，使学生建立基本的纪律观、集体荣辱观。

第四，开展丰富多彩的党团活动。为同学们搭建施展才能的舞台，提高学生的自我效能感，增强自信心，从而建立起优良的思想道德观念，坚毅的意志品质，健康阳光的心态，拥有强健的体魄，完善学生的综合素质。

新生初入高校，面对一个完全崭新的环境，更容易接受学校的教育，有利于辅导员开展各类教育工作。辅导员应趁热打铁，做好新生入学教育，培养学生的自主能力，保证今后的教育工作能顺利开展。

（二）自我管理能力

现阶段学校的中心工作是全面实施素质教育。在素质教育中，德育工作尤为重要。而现在学生的思想教育工作比较难做，大部分学生的基础知识不扎实，基本能力不强，且思想易受社会不良风气影响。纪律较差的学生，甚至不怕教师的批评或学校的处分。针对这种情况，辅导员可主要采取如下措施来做好工作。

第一，要练好自身的"内功"，树立权威，做表率。要做好班级各项工作必须先加强自身建设，辅导员自身建设的关键是提高辅导员的业务素质，树立辅导员的权威。首先加强道德修养，努力通过自己的言行举止、为人处世给学生以示范，做学生的榜样。另外，不断用新知识充实自己，经常到书店购买教育方面的书刊，以吸取别人之长，补己之短。还需注意观察学生的思想、情感、需求变化，捕捉学生的思想信息。为了达到"知人、知面、知心"的教育目的和提高教育管理能力，要不断训练自己的演讲和对话能力，如每年订阅《演讲与口才》《班主任之友》等书刊，尽量修好自己的"内功"。

第二，耐心教育，鼓励引导，提高学生自我教育能力。当学生违纪时，单凭条例去处罚他们，那根本是无济于事的。当然，纪律、制度、条例是必要的，但更重要的是施教者的教育、鼓励、引导，使他们提高认识，自觉接受教育，从而达到自我教育、自我约束的目的。教育者的成功就在于使受教育者具备自我教育的能力。著名的教育学家苏霍姆林斯基认为，"真正的教育是促进自我教育的教育"。"堵"绝不是好办法，只有"导"才是正确的出路，就像大禹治水，只能疏导不能堵。因此只有对学生进行引导、启发，做好思想开导工作，结合学生的年龄、心理特征、个性特征和性别差异，巧妙施行，才能收到好的教育效果。

第三，增强学生的自信心。心理学研究表明，信心是人成功的基础，而表扬是人获得信心的最有效的途径。教育学生应尽量少批评、多表扬、多鼓励、多启发、多引导，做到既要关心爱护学生，又要严格要求，同时，在错误面前也绝不迁就他们。

第四，引导学生"自管""自律"。为了引导学生培养自我教育能力，应放手让学生们自己教育自己，自己管理自己，引导他们自觉组织召开各种专题讨论班会。为了激发学生自我教育的动机，班中的大小事情基本由班干部去管，由学生自己处理。

(三)国家助学贷款管理

国家助学贷款是党中央、国务院在社会主义市场经济条件下,利用有效金融手段完善我国普通高校资助政策体系,加大对普通高校贫困家庭学生资助力度而采取的一项重大措施。

一个良好的经济环境是学生在高校接受教育的基础,因此我们辅导员进行工作时,要充分为特困生考虑。辅导员应详细地了解特困生的家庭经济情况,了解其是否有能力支付学费、住宿费,特困生的生活费是否能正常地维持该生的日常生活等。针对家庭困难的学生,我们可以为他们提供国家助学贷款的申请,向国家借贷学费,从而保证大学期间学习的顺利进行,也给家里减轻一些负担。

在办理国家助学贷款的时候,常常会出现个别学生(尤其是外地的学生)的手续不足而无法办理的情况。针对这一问题,我们可以根据实际情况适当放宽标准,如此一来,就能最大限度地保证每位特困生都可以进行贷款的办理。

在办理国家助学贷款的时候,会有家庭并不困难的同学掺杂其中。这些同学的滥竽充数会严重占用国家助学贷款有限的名额,导致真正需要办理的特困生无法办理。为避免这一问题的发生,唯一办法就是高校辅导员要亲自考察,对每一位办理国家助学贷款的同学的情况进行核实,看其家庭困难程度是否真的符合申请国家助学贷款的标准。同时,辅导员还可以在每一个班级成立"助学贷款考察小组",经小组同学集体讨论研究,初步确立贷款名额。然后辅导员在名单里再进一步地考察,可以直接家访或者电话沟通。这样不但可以杜绝滥竽充数的情况发生,同时也能解决另外一个问题,即由于办理国家助学贷款不需要家长亲自参与,所以可能存在一小部分同学在已获取了生活费、学费的情况下,私自办理贷款,以解决个人的经济困难。这样在家长不知情的情况下办理了贷款,不仅会给国家造成负担,也会给家庭带来巨大的经济压力,同时还会大大降低辅导员的信誉度。所以为了避免上述一系列问题的发生,辅导员一定要做到亲自审核办理贷款的名单,力争做到让国家助学贷款能够帮助真正需要帮助的学生。同时,辅导员可以为有意愿的特困生申请勤工助学。

(四)特殊群体的管理

高等学校对在学习、生活、交往、心理、就业等方面存在困难的特殊学生群体应该倾注更多关爱，着力加强对他们的服务、教育、管理工作，注重人文关怀与心理疏导相结合，使他们与其他同学共同进步、共同成长。

学校应根据学生特点，对家庭经济困难的学生、有重大身体疾病的学生、心理抑郁和异常的学生、网络成瘾的学生、学习困难的学生、因违纪受过处分的学生、就业困难的学生群体，进行有针对性的服务、教育、管理。

工作中努力做到"三个一"，即为他们当中的每一位学生建立一份档案，确定一名学习伙伴，制订一份成长计划，进行逐个指导与教育，并对这些信息严格保密。学校研发了覆盖各类学生的信息化管理系统，通过学生录入信息、学生卡登记、特殊学生情况登记三个途径，加上辅导员审核，在学期初实行全面普查，并及时更新，以便全面掌握特殊学生群体的基本情况，实施动态跟踪。学校还运用大学生思想状况分析会这个工作平台，组织有关方面专家、领导、教师和辅导员定期分析特殊学生群体的思想状况，提高工作的针对性和有效性。学校积极营造良好氛围，让关心和帮助特殊学生群体的暖流在校园传递。

二、思想道德教育

大学生思想道德教育对于学生身心的健康成长起着非常重要的作用，对于加强大学生思想政治教育具有重要意义。大学中对学生的思想道德教育主要包括理想信念教育、公民道德教育、民族精神教育和素质教育。

（一）理想信念教育

理想信念教育是指通过教育和实践不断坚定社会主义、共产主义理想信念，从而帮助大学生解决做什么人、走什么路的问题。因此，理想信念对一个人的一生起着导向作用，为人生指引奋斗目标，为生活提供前进动力，不断激励人们向自己的目标奋斗前行。理想信念统一了精神生活的各个方面，同时引导着人们不断追求更高的人生目标。因此，高校辅导员有责任加强对学生的理想信念教育。

现在，大学生正处于理想信念成型期，思想活跃、自尊意识突出、成才欲望强烈。伴随着经济全球化进程的日益发展，各种文化思潮和价值观念不断冲击着大学生的思想，那些腐朽落后的生活方式难免会侵蚀大学生的心灵。加之现在我国大学生多数为独生子女，优越感过强，缺乏人际交往和艰苦磨炼，在一定程度上存在以自我成才为中心的现象，从而形成了自我期望值高与现实实现率低，和对环境高要求与自身低奉献这两大矛盾，因此无形中给学生带来了较大的学习压力、生活压力和就业压力。处于压力下的大学生多半会迷茫未来自己要走一条怎样的路，未来的自己会成为一个怎样的人。加强理想信念教育可以有效地帮助学生解除困惑，它告诉学生为什么而学。要明确一点，不论今后从事什么职业，我们都要把个人的奋斗志向同国家和民族的命运紧紧地联系在一起，把个人的进步同祖国明天的繁荣昌盛紧紧地联系在一起。

为了提高思想政治工作的实效性，创新、充实理想信念教育，必须坚持内容的有效性原则。理想信念教育是做人的思想工作，同时也是陶冶情感的工作。

（二）公民道德教育

公民道德问题一直以来是政治和教育中的核心问题。一个健全稳定的民主社会除了要依赖基本社会结构的公正性以外，公众的素质和态度以及行为能力也具有重要的意义。因此，培养公民道德感和认同感的公民教育对社会的和谐和国家的稳定具有重要意义。

当前我国高校学生的思想道德建设以及学校教育环节中存在一些不尽如人意的地方，其问题主要表现在以下几个方面。第一，大学生轻集体、重利益的倾向较以前更为明显。第二，大学生在自我提高过程中的功利化倾向明显。第三，大学生群体中明显缺乏对他人和集体的责任感，存在以自我为中心的倾向。第四，辅导员对大学生的行为准则、道德教育以及人格培养等方面缺少系统性教育。第五，高校教育系统中的一些环节存在着服务意识和平等观念的缺失，对大学生道德素养形成造成一定的负面影响。

加强大学生公民道德教育的举措有以下几方面。

第一，强化对大学生的公民道德观教育。从多元文化、科学、民主、平等以及确立正确的科学观和社会责任意识等方面进行学生价值观的培养，把学生塑造成为一个诚信、自省、自律的公民。

第二，着力建设文明、健康的公民道德环境。环境在"育人"过程中有着重要的作用，文明、健康的公民道德环境对于大学生形成良好的道德素质是不可缺少的。

第三，深入开展学生公民道德实践活动，建立一批优秀的实践基地。通过实践来培养和提高大学生的素质，致力于建设一批集思想教育、专业实习、道德实践等功能于一体的实践基地，架起学校与社会联系的桥梁。

第四，建立健全大学生的公民道德监督机制，同时也要加强大学生自我教育、自我管理、自我约束、自我服务的能力。

（三）民族精神的教育

民族精神是一个民族生存和发展的精神支撑，是民族文化的核心和灵魂，是民族在历史活动中表现出的富有生命力的优秀思想、高尚品格和坚定志向，具有对内动员民族力量，对外展示民族形象的重要功能。一个民族没有令人振奋的精神和高尚的品格是不可能屹立于世界民族之林的。在五千多年的发展过程中，中华民族形成了以爱国主义为核心的团结统一、爱好和平、勤劳勇敢、自强不息的伟大民族精神。

弘扬和培育民族精神是爱国教育的新形式，是推动高校文化建设和大学生素质教育的需求。在大学生中弘扬和培育民族精神，对于中华民族的伟大复兴具有重要意义。因此，辅导员要发挥课堂的主渠道作用，营造校园文化，使大学生做到坚持理想信念与爱国主义的统一，增强爱国的深厚情感，确立报国的崇高志向，培养建设祖国的聪明才智，坚持报效祖国的积极行动。民族精神的教育要坚持以人为本，使大学生成为弘扬和培育民族精神的模范。

三、大学生稳定性工作

学生的稳定工作包括：学生安全的稳定性、情绪的稳定性、在校的稳定性三大方面。

（一）学生安全的稳定性

辅导员应该加强学生的安全教育，只有学生的安全稳定了，才能进一步开展其他方面的教育。我们应该着眼于学生的日常事务，定期开展安全稳定教育会议，例会上为学生讲析一些安全问题的事例，使学生更深刻地认识到安全问题的重要性，增强学生安全意识，学会保护他人与自我保护。还可以征订一些安全教育类的书刊，供学生阅读。

俗话说"身体是革命的本钱",如果安全教育搞不好,那么其他教育都是空谈。各大高校的学生,来自全国各地不同的省份、不同的城市,假期返乡时,安全问题绝对不容忽视。因此,我们要开展文明离校教育,以提高假期离校期间学生的安全意识。

离校之前,辅导员对各班下发"假期离校统计表",要求学生认真详细填写,务必保证假期通信畅通,以保证学生返乡的安全。除此之外,辅导员还应该要求各班级主要干部保持通信畅通,防范假期出现特殊状况。在统计假期离校情况时要注意学生填写的信息是否正确,以免有的同学故意填写虚假信息应付教师。辅导员安排各班班长、团支书做好监督工作,避免虚假信息的产生。

安全工作是教育工作中的一个重要工程,同时也是一项长久性的工作,它为正常有序的教育工作提供有力保证。所以,我们务必要做好文明离校教育,因为做好了文明离校教育工作就等于给安全教育工作加了一把锁,为学校消除了学生的安全隐患,很大程度地提高了教学质量。

(二)学生情绪的稳定性

很多学生情绪波动太大,心理承受能力较弱,受不了挫折的打击,甚至有的学生情绪过度低落导致自残、自杀。这类情况在每所高校都会有相关案例,所以辅导员应该经常地了解、观察学生的情绪,遇到情绪比较低落的学生,了解其原因并耐心地进行教育、劝说,避免不幸事件的发生。另外,辅导员需要在每个班级内设心理委员,辅导员需将所负责班级的"心理委员""心理护航员"的名单、个人信息(学号、姓名、性别、班级、寝室、联系电话等)及人员变动上报到学生处心理健康教育中心存档。各班心理委员负责每月填写一份"心理监察表",填写信息要真实详细,以便辅导员能更准确地了解、把握每位学生的心理情况,从而保证高校教育的顺利进行。

(三)在校的稳定性工作

很多学生认为大学生活枯燥乏味,加上大学的开放式管理,造成一些在校生的自由散漫,甚至有的学生不能够坚持到底,半路弃学。为了保证每位学生都能够坚持接受高校教育,辅导员要及时洞悉在校生的情况,定期召开会议保证每位同学都在校。有的高校学生瞒着家长半路弃学,外出打工、旅游等,这严重地影响了学生自身的身心健康，同时也给学校增添了负担。所以辅导员要经常与班级主要干部沟通，统计学生的在籍情况，了解是否有弃学情况发生。一经发现弃学情况，辅导员应立即与家长沟通，做到家庭与学校双方紧密地配合，帮助学生完成全部的高校教育。个别学生由于自身原因申请退学的，辅导员必须认真对待，及时与家长沟通，了解具体情况。只有做好学生稳定工作，才能稳定学校的正常秩序，从而促进高校教育的顺利进行。

四、毕业生教育

同样，大学生的毕业前教育也是很多辅导员容易忽视的，但这也是大学生离校前的一项重要教育，对学生的离校、毕业、就业等起到关键作用。毕业生教育主要包括毕业前教育、文明离校教育、毕业生就业工作三个方面。

（一）毕业前教育

作为高校辅导员，对在读大学生进行管理时绝对不能忽视即将毕业的学生们。辅导员应该对学生进行充分的就业教育，宣传国家的就业政策，鼓励学生树立正确的择业观，加强诚信教育，指导学生简历的制作方法、求职面试的技巧，指导学生有针对性地考取必要的职业资格证书等。同时，辅导员还可以通过以下方法，对即将毕业的学生进行毕业前教育。

第一，举办模拟招聘会。辅导员可以邀请一些有实力的企业帮忙，来做一个模拟招聘会。目的是通过模拟招聘会，使学生进一步了解应聘流程，为以后的应聘打下良好的基础，争取在应聘会上有一个不俗的表现。

第二，进行应聘展示会。辅导员可以约定时间，选择一个大型教室，布置展览板，写出一些社会问题、职场问题等，并设立专业解说员进行现场解说。展示会上，学生可以自由选择观看展览板，有疑问的可以直接询问解说员。通过这种方式，学生能够更加透彻地了解很多社会问题、职场问题等。

第三，举办大型双选会。"双选会"顾名思义，即企业与高校毕业生零距离接触，互相选择。辅导员可以对一些大型企业发出邀请，选择大型场地，给各大企业设应聘台。然后学生可以进场选择中意的企业，同时企业也可以对学生进行选拔，筛选出自己企业所需要的人才。如果学生和企业达成一致，可以现场签订就业协议。这样的双选会省时、省力,避免了毕业生到处寻找工作的麻烦,同时也为企业集中选拔人才提供了方便,可谓双方互相受益。

(二)文明离校教育

文明离校教育是基于安全教育的一种教育方式,它是维护高校安全稳定、保证正常教学生活秩序、创建文明校园的一项重要工作。

在毕业离校时容易发生毕业生往宿舍外随意扔废弃物,在楼内乱写乱画,甚至出现闹事、损坏公物等违纪行为。这一系列的行为,不只为学校带来负面影响,也为学生本人带来麻烦。为避免这样的事情发生,辅导员必须加强对毕业生进行文明离校教育。

第一,毕业生文明离校工作涉及方方面面,学校各部门应通力合作,切实做到"四个到位",即责任到位、措施到位、服务到位、落实到位,为文明离校教育工作提供有力的保证。

第二,在毕业生离校前,各部门要从方便毕业生的角度出发,主动、热情、周到地为毕业生服务。经常与毕业生沟通,听取毕业生对大学生活的评价,以及对学生日常工作的意见、建议和要求,在此基础上,制订新的工作计划,完善工作方法,努力将学生培养成为德、智、体、美、劳全面发展的高素质、高技能人才,了解他们的困难,努力为他们解决问题。

第三,召开班会、毕业生大会,对毕业生在校期间的综合表现进行总结归档,指导学生完成毕业设计和论文,办理毕业离校的相关手续,帮助学生顺利毕业,使他们顺利走上新的工作岗位;对毕业生在离校期间的行为规范提出明确要求,坚决反对和杜绝在毕业生离校过程当中制造并散播传言、泄私愤、损坏公物、酗酒、赌博、起哄摔酒瓶等违法乱纪现象和扰乱学校秩序的行为的发生。一经发现,将视情节给予严肃处理,绝不姑息迁就,并将处理结果通报用人单位。然而文明离校教育不是只针对毕业生开展的,它面向的是所有学生。

(三)毕业生就业工作

随着我国的经济发展水平步入新的历史时期,高等院校的毕业生工作新策略初步形成,其基本机制是:竞争上岗,择优录用;实施形式是:国家宏观调控、学校和各级政府推荐、学生和用人单位双向选择。高校就业工作模式的构建要适应这些变化和要求，集"教育、管理、指导、服务"于一体，全时间、全方位、高质量、方便快捷地服务于毕业生就业。高校新型大学生就业工作模式的构建应充分考虑以下几个方面。

第一，加强制度建设。首先是制定、实施学校就业工作相关规章制度，使毕业生就业工作制度化、规范化；其次是建立学校就业工作委员会、毕业生就业指导中心和各系部就业工作领导小组。通过制度的建设和机构的设置调动各方面积极性，形成"全员参与毕业生就业、全过程指导毕业生就业、全方位帮助毕业生就业"的工作氛围。

第二，加强就业工作的信息化、网络化建设，及时为毕业生提供就业信息，做到就业信息通畅，从而提高就业工作的效率和水平。对求职失败的学生要及时展开挫折教育，尽量消除学生因找工作压力过大而带来的心理问题，具体措施如下：设计开发就业管理软件，形成功能强、信息全、便于操作的就业管理系统，真正地实现就业管理手段的现代化；加强毕业生就业信息的动态管理，不断增强就业信息网站的服务功能，为毕业生进入无形市场提供帮助；实施学院就业工作情况报送制度和就业信息定期报送制度；最后是实行年度学校就业工作报告制度。

参考文献

[1] 汪颖. 以学生发展为本下的高校辅导员管理工作探索[J]. 国际公关, 2022（08）: 120-122.

[2] 章雨萌. 新形势下提升高校辅导员学生管理工作策略探究[J]. 才智, 2022（11）: 126-129.

[3] 孙君言, 袁梦璠. 论如何提高高校辅导员学生管理工作的能力[J]. 山西青年, 2022（05）: 171-173.

[4] 马小燕. 高校辅导员在教育管理中落实立德树人根本任务的路径探析[J]. 决策探索（下）, 2021（12）: 70-71.

[5] 姚乐. 新媒体时代高校辅导员管理模式创新研究[J]. 食品研究与开发, 2021, 42（19）: 244.

[6] 谢冬. 智慧校园建设对高校辅导员管理工作的优化研究[J]. 无线互联科技, 2021, 18（11）: 131-132.

[7] 马晓钰. 目标管理在高校辅导员思政教育工作中的应用[J]. 文教资料, 2021（13）: 102-103+126.

[8] 淦晴. 高校辅导员学生管理工作方法分析[J]. 知识文库, 2021（03）: 189-190.

[9] 龚伟. 高校辅导员"物化"管理的表征、归因与纾解[J]. 教育探索, 2021（01）: 76-82.

[10] 赵莹. 高校辅导员班级管理工作面临的挑战与解决方案[J]. 文学教育（下）, 2020（09）: 118-119.

[11] 姜林娟. 精细化管理模式在高校辅导员学生工作中的有效运用[J]. 国际公关, 2020（09）: 184-185.

[12] 阚海祥. 高校辅导员学生管理工作研究[J]. 传播力研究, 2020, 4（22）: 164-165.

[13] 张琦. 高校辅导员学生管理工作的科学与艺术研究 [J]. 大众标准化，2020（12）：221-222.

[14] 袁红. 新时代高校管理育人的内涵与路径研究——以高校辅导员工作为例 [J]. 高教学刊，2021，7（14）：145-148.

[15] 李心愿. 基于目标管理的地方本科高校辅导员绩效考核研究 [D]. 桂林：桂林理工大学，2019.

[16] 韦樱花. 对民办高校辅导员班级管理工作的认知与思考 [J]. 林区教学，2018（07）：44-46.

[17] 艾春洋. 内蒙古地区的高校辅导员管理问题研究 [D]. 呼和浩特：内蒙古大学，2016.

[18] 朱铭磊. 高校辅导员管理中的角色定位问题研究 [D]. 郑州：郑州大学，2016.

[19] 黄宗喜. 辅导员应对高校突发事件的策略研究——基于危机管理的4R理论视角 [J]. 教育评论，2015（05）：79-81.

[20] 黄珊珊. 素质教育背景下高校辅导员工作的项目化管理应用 [D]. 武汉：武汉工程大学，2015.

[21] 申艳婷. 高校辅导员在大学生突发事件后的危机应激管理 [J]. 黑龙江高教研究，2014（01）：62-64.

[22] 李媛. 高校辅导员职业生涯管理的问题与对策 [D]. 长沙：湖南师范大学，2012.

[23] 洪鸿麟. 高校辅导员职业生涯管理存在的问题及对策研究 [D]. 福州：福建师范大学，2012.

[24] 张薇. 基于辅导员视角的高校学生事务目标管理模式研究 [D]. 秦皇岛：燕山大学，2012.

[25] 陈璇. 高校辅导员职业生涯管理研究 [D]. 杭州：浙江工业大学，2012.

[26] 李洪波. 基于演化视角的高校辅导员管理研究 [D]. 镇江：江苏大学，2010.

[27] 贝静红. 高校辅导员队伍专业化发展研究 [M]. 武汉：武汉大学出版社，2016.

[28] 柏杨. 改革开放以来高校辅导员队伍建设研究 [M]. 成都：西南交通大学出版社，2018.

[29] 黎红友. 新时期高校辅导员教育管理工作精细化探析 [M]. 成都：四川大学出版社，2016.

[30] 段长远，赵国锋. 高校学生事务管理工作研究 [M]. 银川：宁夏人民出版社，2008.